초치기
여행영어

초치기 여행영어

초판 1쇄 발행 2016년 8월 1일

지은이 박신규
발행인 조상현
발행처 더디퍼런스

등록번호 제2015-000237호
주소 서울시 마포구 마포대로 127, 304호
문의 02-725-9988
팩스 02-6974-1237
이메일 thedibooks@naver.com
홈페이지 www.thedifference.co.kr

독자여러분의 소중한 원고를 기다리고 있습니다. 많은 투고 부탁드립니다.

ISBN 979-11-86217-48-1 (13740)

이 책은 저작권법 및 특허법에 따라 보호받는 저작물이므로 무단전재와 무단복제를 금지합니다.
파본이나 잘못 만들어진 책은 구입하신 서점에서 바꾸어 드립니다.
책값은 뒤표지에 있습니다.

초치기 여행영어

초반부터 **치**밀하게 **기**초 다지기

박신규 지음

더디퍼런스

PREFACE 머리말

현장에서 열심히 영어회화와 토익을 강의하고 있습니다. 여행영어도 마찬가지입니다. 오랫동안 강의하면서 느꼈던 점은, 특히 여행영어를 강의할 때, 너무 많은 표현과 너무 많은 패턴을 알려고 한다는 점입니다. 여행영어는 제한적입니다. 사용하는 범위가 일반적인 생활영어보다는 훨씬 적습니다. 한 번이라도 해외여행을 가 봤다면 제가 하는 말이 옳다는 것을 느낄 겁니다.

많은 여행영어 표현들을 배운다고 해서 해외여행에서 제대로 활용할 수 있을까요? 한 가지 표현과 패턴을 활용해서 의사를 전달했지만 그 다음에 어떤 말을 해야 할지 몰라 당황하게 됩니다. 이런 상황을 과거에 해외여행을 해본 분이라면 한 번쯤 경험했을 겁니다. 저는 이 점을 잘 알고 있기에 '초치기 여행영어'를 기획할 때부터 여행영어에 자신 없는 분들의 입장에 서서 집필하려고 노력했습니다. 또한 시중에 나와 있는 여행영어 책들과 차별화를 두어야 할 것 같아 직접 샌프란시스코를 여행하면서 벌어지는 여러 가지 상황을 드라마처럼 구성했습니다. '초치기 여행영어'의 가장 큰 특징이라고 생각합니다. 여러분도 저처럼 주인공이라 생각하고 다양한 상황 속에서 하고 싶은 말들을 자유롭게 말해 보세요.

아무튼 이 책이 앞으로 해외여행을 계획하고 있는 모든 분들께 도움이 되는 동반자가 되었으면 합니다. 그것이 저자로서의 작은 바람입니다.

끝으로 '초치기 영어회화 시리즈'의 첫출발을 '초치기 여행영어'와 함께할 수 있도록 기회를 주신 더디퍼런스 조상현 대표이사님과 멋진 책이 되도록 함께 노력해 주신 더디퍼런스 관계자 분들께 진심으로 감사드립니다.

Thank you so much.

저자 박신규

ABOUT THIS BOOK

각 Unit에서 다루게 될 패턴들을 미리 학습해 봅니다. 빈칸에 적절한 패턴들을 넣어 봄으로써 학습하게 될 패턴들이 어떤 것이 있는지 알 수가 있습니다. 또한 어휘 문제를 퀴즈 형식으로 풀어 봄으로써 각 Unit에서 주로 다루게 되는 어휘들을 미리 학습해 볼 수가 있습니다.

각 Unit에 대한 상황 설명이 있습니다. 이 책의 가장 큰 특징은 바로 스토리가 있는 여행영어라는 것입니다. 마치 자신을 주인공처럼 생각하고 이런 상황에서 어떤 대화가 이루어지는지를 직접 느낄 수가 있습니다. 저자 박신규가 샌프란시스코를 여행하면서 부딪치게 되는 상황을 총 10개의 Unit으로 구성했습니다. 다양한 패턴과 표현들을 함께 배울 수가 있습니다.

Similar Expressions 파트입니다. 교재에서 다룬 표현 중에서 꼭 한 번쯤은 다시 언급하고 싶은 표현들만 모아 두었습니다. 한 가지 의미를 정말 다양하게 표현할 수 있다는 점을 쉽게 눈으로 확인할 수 있습니다.

Additional Expressions 파트입니다. 앞에서 이미 언급한 패턴이나 표현만으로 부족한 부분들을 이 부분에서 집중적으로 다루었습니다. 스스로 필요한 표현들을 찾아서 적절하게 사용하면 됩니다. 여행영어는 사용 폭이 한정적이므로 이 정도만 해도 충분합니다.

Review 파트입니다. 각 Unit에서 배운 패턴들을 확실하게 입으로 기억하고 있는지를 확인하는 파트입니다. 빈칸에 나온 단어들을 문맥에 맞도록 적절하게 나열하는 연습을 하게 됩니다. 이미 알고 있는 패턴도 다시 한 번 확인해 봅니다.

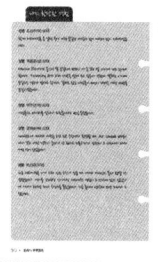

나의 황당한 여행 경험담입니다. 저자뿐만 아니라 다른 여러 사람들의 해외 경험담을 들어 봄으로써 같은 상황에서 어떻게 대처해 나가야 할지를 간접적으로 배울 수가 있습니다. 물론 직접적으로 해외여행을 하면서 다양한 경험들을 해보는 것도 좋지만, 그렇지 못한 상황이라면 주위 사람들의 다양한 경험들을 눈으로 익혀 봄으로써 좀 더 편한 여행이 되도록 조금이나마 미리 잘 준비할 수가 있습니다.

CONTENTS

UNIT **01**	공항에서	11
UNIT **02**	기내에서	31
UNIT **03**	입국심사장에서	47
UNIT **04**	길 찾기	65
UNIT **05**	호텔에서	81

UNIT 06	대중교통	99
UNIT 07	식당에서	121
UNIT 08	쇼핑하기	141
UNIT 09	관광하기	159
UNIT 10	호텔바에서	175

UNIT 01
공항에서

●●● 해외여행을 처음 떠나게 되면 왠지 설레게 되죠. 챙겨야 할 짐도 많고 확인해야 할 것도 많습니다. 우선 여권(passport 패쓰포-ㄹ트), 요즘 여권은 복수여권이에요. 한 번만 사용하는 단수여권보다는 사용기간이 10년짜리인 복수여권이 대세죠. 인천국제공항에서 자국적기를 이용해서 해외여행을 떠날 경우, 영어 때문에 고생할 일은 없어요. 하지만 타국적기를 이용하게 되면 비행기를 타는 순간부터 바로 영어의 필요성을 절실하게 느끼게 됩니다. 국내에서 해외로 떠나거나 해외에서 국내로 돌아올 때 제일 먼저 해야 할 일은 탑승수속(check in 체킨)으로 탑승 수속 창구(check in counter 체킨 카운터ㄹ)에 가서 탑승 수속을 밟으면 됩니다. 요즘은 탑승권 자동 발급기(self check-in 쎌ㅎ 체킨)가 공항에 설치되었기에 예전처럼 줄을 서서 탑승권을 발급받을 필요는 없어요. 편한 세상이네요. 조만간 스마트폰으로 탑승 수속 밟을 것 같네요.

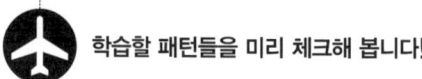

학습할 패턴들을 미리 체크해 봅니다!

● 어떻게 도와 드릴까요, 손님?

_____ help you, sir?

● 탑승 수속을 밟고 싶은데요.

_____ check in, _____.

● 여권 좀 보여 주시겠어요?

_____ passport, _____?

● 성함을 여쭤 봐도 될까요?

_____ name?

● 창가 쪽 좌석을 드릴까요? 아니면 통로 쪽 좌석을 드릴까요?

_____ a window seat _____ an aisle seat?

● 창가 쪽 좌석을 주세요.

_____ a window seat, _____.

● 말이라도 고마워요.

_____ saying that.

정답 How may I / I would like to, please / Could you show me your, please / May I ask you for your / Would you like, or / I'd like, please / Thank you for

UNIT 01 여행에서

STEP 1 단어의 뜻을 알맞게 짝지어 보세요.

serve 써-ㄹ브 ( )		A 운전면허증
window seat 윈도우 씨-잇 ( )		B 목적지
toilet 토일릿 ( )		C 여권
confirm 컨풔-엄 ( )		D 창가 쪽 좌석
book a flight 북커 플라잇 ( )		E 수화물 인수증
driver's license 쥬라이버ㄹ쓰 (을)라이쓴스 ( )		F 봉사하다, 대접하다
baggage claim tag 배기쥐 클레임 택ㄱ ( )		G 비행 편을 예약하다
passport 패쓰포-ㄹ트 ( )		H 확인하다
destination 데쓰터네이션 ( )		I 화장실(영국식)

정답 F / D / I / H / G / A / E / C / B

STEP 2 단어의 뜻을 정확하게 적어 보세요.

boarding pass 보오ㄹ딩 패쓰

check in 체킨

reservation (우)레저ㄹ베이션

seat number 씨-잇 넘버ㄹ

arrivals 어롸이벌쓰

departure gate 디파ㄹ춰ㄹ 게잇

정답 탑승권 / 탑승 수속을 밟다 / 예약 / 좌석 번호 / 도착 / 탑승구

ACTUAL DIALOGUE

신규는 여름휴가차 샌프란시스코로 여행을 떠나려고 해요. 난생 처음 가는 해외여행이라서 조금은 긴장되지만 자신 있게 공항에서 탑승 수속을 밟아요. 항공 지상승무원과 대화를 나누는 상황이에요.

A Hello. 안녕하세요.

B Hi. 안녕하세요.

Pattern 01

A **How may I** help you, sir? 어떻게 도와 드릴까요, 손님?

Similar Expressions ▶ How can I...? / May I...? / Can I...?

Pattern 02

B **I would like to** check in, **please**.

탑승 수속을 밟고 싶은데요.

Similar Expressions ▶ I want to... / I feel like -ing

Pattern 03

A **Could you show me your** passport, **please**?

여권 좀 보여 주시겠습니까?

Similar Expressions ▶ Could you give me your..., please? / Please show me your... / Your..., please. / Can I see your..., please? / May I see your..., please?

B Here you go. 여기요.

Pattern 04

A Thank you. **May I ask you for your** name?

고맙습니다. 성함을 여쭤 봐도 될까요?

Similar Expressions ▶ Can I ask you for your...? / Do you mind if I ask you for your...? / Would you mind if I asked you for your...? / Can I have your...?

B Sure. I'm Sin-gyu Park. Sin-gyu is my first name and Park is my last name.

물론이죠. 신규 박이에요. 신규가 이름이고 박이 성이에요.

Pattern 05
A Thank you. **Would you like** a window seat **or** an aisle seat**?**

감사합니다. 창가 쪽 좌석을 드릴까요? 아니면 통로 쪽 좌석을 드릴까요?

Similar Expressions ▶ Which do you want, A or B? / Do you want A or B? / Do you prefer A or B?

Pattern 06
B **I'd like** a window seat, **please.** 창가 쪽 좌석을 주세요.

Similar Expressions ▶ I want..., please. / Please give me... / ..., please.

Pattern 07
A Okay. **Here are** your boarding pass and passport. Your seat number is 20B.

네. 탑승권과 여권 여기 있습니다. 좌석 번호는 20B입니다.

Similar Expressions ▶ Here is... / I have your... here.

B Thank you so much. 정말 고마워요.

Pattern 08
A You're welcome. **Have a** wonderful flight.

천만에요. 즐거운 비행이 되시길 바랍니다.

Similar Expressions ▶ I want you to have... / I would like you to have...

Pattern 09
B **Thank you for** saying that. 말이라도 고마워요.

Similar Expressions ▶ Thanks for...

A Not at all. 천만에요.

Pattern 01

하우 메이 아이...?
How may I...?
어떻게 ~해 드릴까요?

해외여행을 할 때 가장 먼저 들르는 곳이 바로 공항이죠. 해외여행 떠날 때 국내 항공사를 이용한다면 영어의 필요성을 못 느껴요. 하지만 때로는 타국적 항공기나 공항을 이용해서 탑승 수속을 밟아야 할 경우가 생기는데요. 이때 자주 듣는 패턴이죠.

STEP 1 Pattern Practice

어떻게 도와 드릴까요?
How may I assist you? 하우 메이 아이 어씨쓰츄우?

어떻게 도와 드릴까요, 손님?
How may I help you, sir? 하우 메이 아이 헬퓨우, 써-ㄹ?

어떻게 도와 드릴까요?
How may I serve you? 하우 메이 아이 써-ㄹ뷰우?

어떻게 도와 드릴까요, 손님?
How may I help you, ma'am? 하우 메이 아이 헬퓨우, 맴?

어떻게 도와 드릴까요, 손님?
How may I be of assistance, ma'am?
하우 메이 아이 비- 어버씨쓰턴ㅅ, 맴?

STEP 2 Actual Practice

A   Hello. **How may I** help you, sir?
헬로우. 하우 메이 아이 헬퓨우, 써-ㄹ?

B   Hi. I would like to check in, please.
하이. 아이 우들라익 투 체킨, 플리-ㅈ.

A   안녕하세요. 어떻게 도와 드릴까요, 손님?
B   안녕하세요. 탑승 수속을 밟으려고 하는데요.

Pattern 02

아이 우들라익 투..., 플리–ㅈ.
I would like to..., please. ~하고 싶어요

무언가를 하고 싶다고 정중하게 말할 때 사용해요. 해외여행을 하다 보면 특히 공항이나 호텔에서 체크인 할 때 유용하죠.

STEP 1 Pattern Practice

탑승 수속을 밟고 싶은데요.
I would like to check in, **please**. 아이 우들라익 투 체킨, 플리–ㅈ.

비행 예약을 확인하려고 해요.
I would like to confirm my flight reservation, **please**.
아이 우들라익 투 컨훠–엄 마이 훌라잇 (우)레저ㄹ베이션, 플리–ㅈ.

뉴욕행 비행편을 예약하고 싶은데요.
I would like to book a flight to New York, **please**.
아이 우들라익 투 북커 훌라잇 투 뉴욕, 플리–ㅈ.

시카고행 비행편을 취소하고 싶어요.
I would like to cancel my flight to Chicago, **please**.
아이 우들라익 투 캔슬 마이 훌라잇 투 쉬카–고우, 플리–ㅈ.

STEP 2 Actual Practice

A Good morning, ma'am. How can I help you?
굿 모–ㄹ닝, 맴, 하우 캐나이 헬퓨우?

B Good morning. **I would like to** reconfirm my flight, **please**. 굿 모–ㄹ닝. 아이 우들라익 투 (우)리–컨훠–엄 마이 훌라잇, 플리–ㅈ.

A 안녕하세요, 손님. 어떻게 도와 드릴까요?
B 안녕하세요. 비행기편을 재확인하고 싶어요.

Pattern 03

쿠쥬우 쇼우 미 유어ㄹ..., 플리-ㅈ?
Could you show me your..., please?
~ 좀 보여 주시겠습니까?

정중하게 상대방에게 뭔가 좀 보여 달라고 부탁할 때 사용해요. 여권이나 탑승권 또는 운전 면허증처럼 대상이 다양하죠. 동사 show에는 '보여 주다' 외에도 '눈으로 확인할 수 있도록 가르쳐 주다'라는 뜻도 있어요.

STEP 1 Pattern Practice

여권 좀 보여 주시겠어요?
Could you show me your passport, **please?**
쿠쥬우 쇼우 미 유어ㄹ 패쓰포-ㄹ트, 플리-ㅈ?

탑승권 좀 보여 주시겠습니까?
Could you show me your boarding pass, **please?**
쿠쥬우 쇼우 미 유어ㄹ 보오ㄹ딩 패쓰, 플리-ㅈ?

운전 면허증 좀 보여 주시겠습니까?
Could you show me your driver's license, **please?**
쿠쥬우 쇼우 미 유어ㄹ 쥬라이버ㄹ쓰 (을)라이쓴스, 플리-ㅈ?

신분증 좀 보여 주시겠어요?
Could you show me your ID, **please?**
쿠쥬우 쇼우 미 유어ㄹ 아이디, 플리-ㅈ?

STEP 2 Actual Practice

A Excuse me, **could you show me your** passport, **please?** 익쓰큐-ㅈ 미, 쿠쥬우 쇼우 미 유어ㄹ 패쓰포-ㄹ트, 플리-ㅈ?

B Sure, here you go. 셔ㄹ, 히어ㄹ 유우 고우.

A 죄송하지만, 여권 좀 보여 주시겠어요?
B 물론이죠, 여기요.

Pattern 04

메이 아이 애쓰큐우 휠ㄹ 유어ㄹ...?
May I ask you for your...?

~을 여쭤 봐도 될까요?

해외여행을 하다 보면 상대방과 관련된 뭔가를 물어볼 경우가 생겨요. 이름이나 목적지 또는 전화번호가 될 수가 있죠. 때에 따라서는 정중하게 말을 건네야 해요.

STEP 1 Pattern Practice

성함을 여쭤 봐도 될까요?
May I ask you for your name?
메이 아이 애쓰큐우 휠ㄹ 유어ㄹ 네임?

이름을 여쭤 봐도 될까요?
May I ask you for your first name?
메이 아이 애쓰큐우 휠ㄹ 유어ㄹ 훠-ㄹ쓰 네임?

주소를 여쭤 봐도 될까요?
May I ask you for your address?
메이 아이 애쓰큐우 휠ㄹ 유어ㄹ 애쥬레ㅆ?

전화번호를 여쭤 봐도 될까요?
May I ask you for your number?
메이 아이 애쓰큐우 휠ㄹ 유어ㄹ 넘버ㄹ?

STEP 2 Actual Practice

A **May I ask you for your** first name?
메이 아이 애쓰큐우 휠ㄹ 유어ㄹ 훠-ㄹ쓰 네임?

B Of course. My first name is Sam.
어브 코-ㄹ쓰. 마이 훠-ㄹ쓰 네임 이ㅈ 쌤.

A 이름을 여쭤 봐도 될까요?
B 물론이죠. 제 이름은 샘이에요.

Pattern 05

우쥬우 (을)라잌... 오-ㄹ...?
Would you like... or...?

~ 드릴까요? 아니면 ~ 드릴까요?

두 가지 중에 어느 것이 더 마음에 드는지 상대방에게 묻고 싶을 때 사용해요. 공항에서 체크인 할 때 비행 좌석 선택 때문에 자주 듣게 되죠.

STEP 1 Pattern Practice

창가 쪽 좌석을 드릴까요? 아니면 통로 쪽 좌석을 드릴까요?
Would you like a window seat **or** an aisle seat?
우쥬우 (을)라이커 윈도우 싸-잇 오-런 아일 싸-잇?

통로 쪽 좌석을 드릴까요? 아니면 창가 쪽 좌석을 드릴까요?
Would you like an aisle seat **or** a window seat?
우쥬우 (을)라이컨 아일 싸-잇 오-러 윈도우 싸-잇?

비즈니스 좌석을 드릴까요? 아니면 이코노미 좌석을 드릴까요?
Would you like business class **or** economy class?
우쥬우 (을)라잌 비즈니ㅆ 클래ㅆ 오-ㄹ 이카노미 클래ㅆ?

아침 비행편을 드릴까요? 아니면 저녁 비행편을 드릴까요?
Would you like a morning flight **or** an evening flight?
우쥬우 (을)라이커 모-ㄹ닝 흘라잇 오-런 아-브닝 흘라잇?

STEP 2 Actual Practice

A **Would you like** a window seat **or** an aisle seat?
우쥬우 (을)라이커 윈도우 싸-잇 오-런 아일 싸-잇?

B I'd like a window seat, please.
아잍 (을)라이크 윈도우 싸-잇 플리-ㅈ.

A 창가 쪽 좌석을 드릴까요? 아니면 통로 쪽 좌석을 드릴까요?
B 창가 쪽 좌석으로 부탁해요.

Pattern 06

아읻 (을)라읶..., 플리-ㅈ.
I'd like..., please.
~을 주세요, ~ 부탁해요

공항에서 출국이나 입국 때문에 탑승 수속을 밟아야 하는데요. 이때 비행 좌석을 선택해야 해요. 통로 쪽 좌석을 할지 창가 쪽 좌석을 할지, 또는 비즈니스 좌석을 할지 이코노미 좌석을 할지 선택의 기로에 서게 되죠. '~을 주세요', '~ 부탁해요'라는 의미로 사용되는 패턴이에요.

STEP 1 Pattern Practice

창가 쪽 좌석을 주세요.
I'd like a window seat, **please.** 아읻 (을)라이커 윈도우 씨-잇, 플리-ㅈ.

통로 쪽 좌석으로 부탁해요.
I'd like an aisle seat, **please.** 아읻 (을)라이컨 아일 씨-잇, 플리-ㅈ.

아침 비행편으로 부탁해요.
I'd like a morning flight, **please.** 아읻 (을)라이커 모-ㄹ닝 훌라잇, 플리-ㅈ.

이코노미로 주세요.
I'd like economy class, **please.** 아읻 (을)라잌 이카노미 클래ㅆ, 플리-ㅈ.

비즈니스석으로 부탁해요.
I'd like business class, **please.** 아읻 (을)라잌 비즈니ㅆ 클래ㅆ, 플리-ㅈ.

STEP 2 Actual Practice

A **I'd like** an aisle seat, **please.**
아읻 (을)라이컨 아일 씨-잇, 플리-ㅈ.

B Okay. Here is your boarding pass.
오우케이. 히어리ㅈ 유어ㄹ 보오ㄹ딩 패쓰.

A 통로 쪽 좌석을 주세요.
B 알겠습니다. 여기 탑승권이에요.

Pattern 07

히어리ㅈ(아ㅡㄹ)...
Here is[are]...
~ 여기 있어요

해외여행을 하다 보면 자신의 여권이나 탑승권 등을 제시해야 할 때가 있어요. 특히 여권은 공항에서 탑승 수속을 밟거나 호텔에서 체크인 할 때 자주 건네주게 되죠.

STEP 1 Pattern Practice

여권 여기 있어요.
Here is my passport. 히어리ㅈ 마이 패쓰포ㅡㄹ트

탑승권 여기 있어요.
Here is my boarding pass. 히어리ㅈ 마이 보오ㄹ딩 패쓰

여기 제 출입국신고서예요.
Here is my immigration card. 히어리ㅈ 마이 이미그레이션 카ㅡㄹ드

탑승권 여기 있습니다.
Here is your boarding pass. 히어리ㅈ 유어ㄹ 보오ㄹ딩 패쓰

탑승권과 여권 여기 있어요.
Here are your boarding pass and passport.
히어ㄹ 아ㅡㄹ 유어ㄹ 보오ㄹ딩 패쓰 앤 패쓰포ㅡㄹ트

STEP 2 Actual Practice

A **Here is** my passport. 히어리ㅈ 마이 패쓰포ㅡㄹ트

B Thank you so much. 땡큐우 쏘우 머취

A 여권 여기 있어요.
B 정말 고맙습니다.

Pattern 08

해버...
Have a...
~ 가지세요

해외여행을 처음 하게 되면 조금은 흥분되거나 초조하게 되죠. 하지만 그 자체도 여행이 주는 기쁨이에요. 친구나 동료가 해외여행을 가려고 할 때, 즐거운 여행이 되기를 빌고 싶다면 이 패턴을 사용하면 돼요.

STEP 1 Pattern Practice

즐거운 비행 되세요.
Have a wonderful flight. 해버 원더ㄹ헐 흘라잇

기분 좋은 비행 되세요.
Have a pleasant flight. 해버 플레즌ㅌ 흘라잇

좋은 휴가 보내세요.
Have a good vacation. 해버 굿 베이케이션

좋은 여행 되세요.
Have a good trip. 해버 굿 츄립

시카고에서 멋진 시간 가져요.
Have a wonderful time in Chicago. 해버 원더ㄹ헐 타이민 쉬카-고우

STEP 2 Actual Practice

A Sam! **Have a** good trip.
쌤! 해버 굿 츄립.

B Thanks. I'll call you when I get there.
땡ㅆ. 아일 커-얼 유우 웨나이 겟 데어ㄹ.

A 샘! 좋은 여행 되세요.
B 고마워요. 도착하면 전화할게요.

Pattern 09

땡큐 풔ㄹ...
Thank you for... ~ 고마워요, ~에 감사드립니다

공항에서 출국 또는 귀국을 위한 탑승 수속을 밟게 될 때, 해외여행이 처음이면 어떻게 해야 할지 몰라 당황하게 되죠. 이때 누군가의 도움을 받게 되면 그것만큼 감사한 것은 없을 거예요. 이런 속마음을 적절하게 표현하고 싶을 때 사용하는 패턴이에요.

STEP 1 Pattern Practice

말이라도 고마워요.
Thank you for saying that. 땡큐 풔ㄹ 쎄잉 댓.

도와줘서 고마워요.
Thank you for helping me. 땡큐 풔ㄹ 헬핑 미.

조언 고맙습니다.
Thank you for your tip. 땡큐 풔ㄹ 유어ㄹ 팁.

친절히 대해 주셔서 고맙습니다.
Thank you for your kindness. 땡큐 풔ㄹ 유어ㄹ 카인드니ㅆ.

환대해 주셔서 감사합니다.
Thank you for your hospitality. 땡큐 풔ㄹ 유어ㄹ 하쓰퍼탤러디.

STEP 2 Actual Practice

A **Thank you for** helping me. 땡큐 풔ㄹ 헬핑 미.

B You're quite welcome. 유어ㄹ 콰잇 웰컴.

A 도와줘서 고마워요.
B 별말씀을요.

SIMILAR EXPRESSIONS

EXPRESSION 01

Here you go. 히어ㄹ 유우 고우. 여기 있어요.

상대방이 요구한 뭔가를 건네주면서 '여기 있어요.'라고 말하게 되는데요. Here you go.라고 표현해요.

Here. 히어ㄹ. 여기요.
Here you are. 히어ㄹ 유우 아ㄹ. 여기 있어요.
There you go. 데어ㄹ 유우 고우. 여기 있어요.

EXPRESSION 02

Thank you. 땡큐우. 고맙습니다.

고맙다고 말할 때 제일 먼저 생각나는 표현이 바로 Thank you.예요. 자연스럽게 입 밖으로 나오게 되죠. 이 말을 좀 더 간단하게 말하면 Thanks.예요.

Thanks. 땡ㅆ. 고마워.
Thanks a lot. 땡쓸랏. 정말 고맙습니다.
Thanks a million. 땡써 밀리언. 너무나도 감사합니다.
Thank you so much. 땡큐우 쏘우 머취. 정말 고맙습니다.
Thank you very much. 땡큐우 베리 머취. 대단히 고맙습니다.
Thank you from the bottom of my heart. 진심으로 감사드립니다.
땡큐우 흐럼 더 바텀 어ㅂ 마이 하-ㄹ트.

I can't thank you enough. 뭐라 감사드려야 할지 모르겠군요.
아이 캔ㅌ 땡큐우 이너ㅎ.

I owe you my gratitude. 감사드려야 할 것이 있습니다.
아이 오우 유우 마이 그래터튜-ㄷ.

That's nice of you. 댓ㅆ 나이쓰ㅂ유우. 고마워요.

EXPRESSION 03

You're welcome. 유어ㄹ 웰컴.   천만에요.

누군가가 Thank you.(고마워요.)라고 말하면 '천만에요.'라고 대답하게 되는데요. You're welcome.처럼 간단하게 표현해요.

Don't mention it. 던 멘셔닛.	천만에요.
The pleasure is all mine. 더 플레줘ㄹ 이절 마인.	괜찮습니다. / 오히려 제가 기쁩니다.
My pleasure. 마이 플레줘ㄹ.	별말씀을.
It's my pleasure. 잇ㅆ 마이 플레줘ㄹ.	별말씀을. / 괜찮습니다. / 천만에요.
It's nothing. 잇ㅆ 낫띵.	별거 아니에요.
It's no big deal. 잇ㅆ 노우 빅 디-일.	별거 아니에요.
No big deal. 노우 빅 디-일.	별거 아니에요.
Not at all. 나래럴.	천만에요.

ADDITIONAL EXPRESSIONS

What is the departure time?
와리즈 더 디파ㄹ춰ㄹ 타임?

출발 시간이 언제입니까?

What is the arrival time?
와리즈 디 어롸이벌 타임?

도착 시간이 언제입니까?

What is the boarding time?
와리즈 더 보오ㄹ딩 타임?

탑승 시간은 언제죠?

Which gate should I go to?
윗취 게잇 슈다이 고우 투?

몇 번 게이트로 가야 하죠?

Where can I check in?
웨어ㄹ 캐나이 체킨!?

어디서 체크인 할 수 있죠?

How much is it for economy class?
하우 머취짓 훠ㄹ 이카노미 클래ㅆ?

이코노미 클래스는 얼마죠?

Here is your boarding pass.
히어리ㅈ 유어ㄹ 보오ㄹ딩 패쓰

탑승권 여기 있어요.

Here is my passport.
히어리ㅈ 마이 패쓰포-ㄹ트

제 여권 여기요.

Can I change my flight schedule?
캐나이 체인쥐 마이 흘라잇 쓰케주-울?

비행 스케줄을 바꿀 수 있을까요?

Can I get a window seat?
캐나이 게러 윈도우 씨-잇?

창가 쪽 좌석으로 줄래요?

Can I get an aisle seat?
캐나이 케런 아일 씨-잇?

통로 쪽 좌석으로 줄래요?

Can you give me your passport, please?
캔뉴우 기ㅂ 미 유어ㄹ 패쓰포-ㄹ트, 플리-ㅈ?

여권 주시겠어요?

Can I help you, sir[ma'am]?
캐나이 헬퓨우, 써-ㄹ(맴)? 도와 드릴까요, 손님?

Could you tell me where the information desk is?
큐쥬우 텔 미 웨어ㄹ 디 인풔ㄹ메이션 데쓰키ㅈ? 안내 데스크가 어디에 있는지 말씀해 주시겠어요?

Do you have any flights available today?
두- 유우 해배니 흘라잇ㅆ베일러블 투데이? 오늘 이용 가능한 비행편이 있어요?

Do you have any other flights available today?
두- 유우 해배니 아더ㄹ 흘라잇ㅆ베일러블 투데이? 오늘 이용 가능한 다른 비행편이 있나요?

I need a round-trip ticket to New York.
아이 나-더 (우)라운-츄립 티킷 투 뉴욕. 뉴욕행 왕복 항공권이 필요해요.

I need a one-way ticket to Japan.
아이 나-더 원-웨이 티킷 투 줘팬. 일본행 편도 항공권이 필요합니다.

I'm here to check in, please.
아임 히어ㄹ 투 체킨, 플리-ㅈ. 탑승 수속을 밟으러 왔어요.

Check in, please.
체킨 플리-ㅈ. 체크인 부탁해요.

Is this the boarding gate for flight 231?
이ㅈ 디ㅆ 더 보오ㄹ딩 게잇 풔ㄹ 흘라잇 투뜨리-원? 231편 탑승 게이트가 여긴가요?

REVIEW 다음 괄호 안의 단어들을 올바른 순서대로 배열해 보세요.

1 (how, you, sir, may, serve, I)
   _____?

2 (please, like, in, check, I, would, to)
   _____.

3 (passport, please, me, you, could, your, show)
   _____?

4 (first, ask, for, may, name, your, I, you)
   _____?

5 (a, window, would, an, seat, like, you, aisle, seat, or)
   _____?

6 (please, a, seat, would, I, window, like)
   _____.

7 (pass, boarding, here, my, is)
   _____.

8 (trip, a, have, good)
   _____.

9 (me, thank, helping, for, you)
   _____.

나의 황당한 경험

성명 조난주(여) 60대

함께 해외여행을 온 일행 중에 여권 분실한 사람이 있어 여행이 많이 지체되었습니다.

성명 최용준(남) 50대

Mexico 공항에서는 물건이 잘 분실되니 반드시 내 손 또는 발 사이에 끼고 있어야 합니다. Ticketing 하기 위해 가방을 옆에 두고 항공사 직원과 말하는 사이에 분실되는 경우가 많다고 합니다. 실제로 많은 사람들이 자신이 가져온 여행 가방을 분실하였습니다.

성명 이주산(여) 50대

기념품으로 라이터를 샀다가 위험물이라고 반입 못했습니다.

성명 김혜순(여) 50대

2006년도에 캐나다 여행을 하고 도쿄 공항에서 환승할 때, Air canada 비행기에서 갖고 내린 맥주가 통과가 안 된다고 씨름하다가 남편이 그 자리에서 마셔 버린 적이 있었습니다.

성명 박신규(저자)

처음 해외여행을 가기 위해 인천 공항에 갔을 때 어디가 어디인지 몰라 정말 난감했습니다. 영어를 강의하는 강사지만 해외여행 경험이 그 당시에 많지 않았기에 어디서 체크인 해야 하는지를 몰랐습니다. 지금 돌이켜 생각해 보면 그때가 그립습니다.

UNIT 02
기내에서

●●● 타국적기를 이용해 해외여행을 떠날 때, 기내에 탑승하기 전에 승무원에게 보여 주는 것은 탑승권(boarding pass 보오ㄹ딩 패쓰)이에요. 건네주면서 Here you are. 히어ㄹ 유우 아ㄹ.(여기요.)! 표현 간단하죠? 그 다음에 할 일은 본인 좌석이 어디에 있는지 물어봐야 해요. 직접 찾을 수 있다면 스스로 하면 되는데요. 이왕이면 배운 여행영어 한번 사용해 보는 것도 좋아요.

Could you please help me find my seat?
쿠쥬우 플리-ㅈ 헬ㅍ 미 화인드 마아 씨-잇?

(좌석 찾는 거 도와주시겠어요?)

승무원의 도움을 받아 좌석에 앉은 후, 비행기가 이륙하기만을 기다리면 됩니다. 비행기가 이륙 후 잠시 후에 승무원이 다가와 Something to drink? 썸띵 투 쥬링ㅋ?(마실 것 드릴까요?)라고 물어 오면 커피나 물 또는 마시고 싶은 음료를 부탁하면 돼요. 참 쉽죠? 꼭 Please 플리-ㅈ 잊지 마세요.

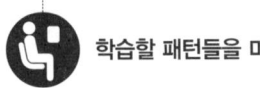

학습할 패턴들을 미리 체크해 봅니다!

● 여권과 탑승권 좀 보여 주시겠어요?

_____ passport and boarding pass, _____?

● 제 자리 찾는 거 도와주시겠어요?

_____ help me find my seat?

● 마실 것 좀 드릴까요?

_____ drink?

● 음료수와 와인, 맥주 있어요.

_____ soft drinks, wine and beer.

● 와인 한 잔 주시겠어요?

_____ a glass of wine, _____?

● 서울에서 샌프란시스코까지 얼마나 걸리죠?

_____ San Francisco from Seoul?

> **정답** May I see your, please / Could you please / Would you like something to / We have / Can I have, please / How long will it take to get to

32 ● 초치기 여행영어

MINI QUIZ

STEP 1 단어의 뜻을 알맞게 짝지어 보세요.

seat 싸-잇 ( )	A 기내식
aisle seat 아일 싸-잇 ( )	B 보여 주다, 가르쳐 주다
show 쇼우 ( )	C 비상구
in-flight meal 인-흘라잇 미일 ( )	D 매다
seat belt 싸-잇 벨ㅌ ( )	E 기내 화장실
fasten 패아쓴 ( )	F 좌석
flight attendant 흘라잇 어텐던ㅌ ( )	G 좌석벨트
emergency exit 이머ㄹ전씨 엑싵 ( )	H 통로 쪽 좌석
lavatory (을)래버터-리 ( )	I 독서등
reading light (을)리딩 (을)라잇 ( )	J 기내 승무원

정답 F / H / B / A / G / D / J / C / E / I

STEP 2 단어의 뜻을 정확하게 적어 보세요.

blanket 블랭킷

local time (을)로우컬 타임

seat pocket 싸-잇 파킷

airsickness bag 에어ㄹ씨크니ㅆ 백ㄱ

soft drink 써-흐ㅌ 쥬링ㅋ

takeoff 테이커ㅎ

정답 담요 / 현지 시각 / 좌석 주머니 / 위생 봉투 / 음료수 / 이륙

33

신규는 공항에서 탑승 절차를 밟은 후 탑승구를 나와 샌프란시스코로 떠나는 비행기로 들어가요. 기내에서 승무원과 대화를 나누는 상황이에요.

Part A

A Good afternoon, sir. Welcome aboard!
안녕하세요, 손님. 어서 오세요!

B Good afternoon. 안녕하세요.

Pattern 10

A **May I see your** boarding pass, **please**?
탑승권 좀 보여 주시겠어요?

Similar Expressions ▶ Can I see your..., please? / Could you show me your..., please? / Your..., please.

B Sure. Here you are. 물론이죠. 여기 있어요.

A Thank you. 고맙습니다.

Pattern 11

B You're welcome. Um, **could you please** help me find my seat? 천만에요. 음, 자리 찾는 것 좀 도와주시겠어요?

Similar Expressions ▶ Would you please...? / Please... / I would like you to... / I want you to...

A Sure. Seat 20B. Please come this way. This is your seat. 물론이죠. 20B 좌석이네요. 이쪽으로 오세요. 여기입니다.

B Thank you so much. 정말 고마워요.

A My pleasure. 별말씀을요.

Part B

A Excuse me, sir. 실례지만, 손님.

B Yes? 예?

Pattern 12

A **Would you like something to** drink?
마실 것 좀 드릴까요?

Similar Expressions ▶ Do you want something to...? / Something to...?

B Sure. What do you have? 예, 뭐가 있나요?

Pattern 13

A **We have** soft drinks, wine and beer.
음료수와 와인, 맥주가 있어요.

Similar Expressions ▶ There is[are]...

Pattern 14

B Okay, then **can I have** a glass of wine, **please?**
네, 그러면 와인 한 잔 주시겠어요?

Similar Expressions ▶ May I have..., please? / ..., please. / Can I get..., please?

A Sure, no problem. Here you go.
물론이죠. 여기 있습니다.

Pattern 15

B Thanks. By the way, **how long will it take to get to** San Francisco from Seoul**?**
고마워요. 그건 그렇고, 서울에서 샌프란시스코까지 얼마나 걸리죠?

Similar Expressions ▶ How long does it take to get to...?

A It will take about 11 hours to get there.
그곳에 도착하는 데 약 11시간 걸릴 거예요.

B Oh, I see. Thanks. 오, 그래요. 고마워요.

Pattern 10

메이 아이 씨- 유어ㄹ..., 플리-ㅈ?
May I see your..., please?

~ 좀 보여 주시겠어요?

기내에 탑승하는 승객들에게 탑승권을 보여 달라고 부탁할 때 사용하죠. 조동사 can보다는 may로 묻게 되면 좀 더 공손한 뜻이 됩니다.

STEP 1 Pattern Practice

여권 좀 보여 주시겠어요?
May I see your passport, **please?**
메이 아이 씨- 유어ㄹ 패쓰포-ㄹ트, 플리-ㅈ?

탑승권 좀 보여 주시겠어요?
May I see your boarding pass, **please?**
메이 아이 씨- 유어ㄹ 보오ㄹ딩 패쓰, 플리-ㅈ?

여권과 탑승권 좀 보여 주시겠어요?
May I see your passport and boarding pass, **please?**
메이 아이 씨- 유어ㄹ 패쓰포-ㄹ트 앤 보오ㄹ딩 패쓰, 플리-ㅈ?

탑승권과 여권 좀 보여 주시겠어요?
May I see your boarding pass and passport, **please?**
메이 아이 씨- 유어ㄹ 보오ㄹ딩 패쓰 앤 패쓰포-ㄹ트, 플리-ㅈ?

STEP 2 Actual Practice

A **May I see your** boarding pass, **please?**
메이 아이 씨- 유어ㄹ 보오ㄹ딩 패쓰, 플리-ㅈ?

B Sure. Here you go. 셔ㄹ. 히어ㄹ 유우 고우.

A 탑승권 좀 보여 주시겠어요?
B 물론이죠. 여기요.

Pattern 11

쿠쥬우 플리-ㅈ...?
Could you please...? ~해 주시겠어요?

상대방에게 공손하게 뭔가를 부탁하고자 할 때 사용해요. 처음 해외여행을 가게 되면 왠지 좀 긴장하게 되는데요. 기내에서 좌석을 찾을 때나 승무원에게 도움을 요청하고 싶을 때 이 패턴을 활용할 수 있어요.

STEP 1 Pattern Practice

저 좀 도와주시겠어요?

Could you please help me? 쿠쥬우 플리-ㅈ 헬프 미?

자리 찾는 것 좀 도와주시겠어요?

Could you please help me find my seat?
쿠쥬우 플리-ㅈ 헬프 미 화인ㄷ 마이 씨-잇?

좌석벨트 좀 매 주시겠습니까?

Could you please fasten your seat belt?
쿠쥬우 플리-ㅈ 패아쓴 유어ㄹ 씨-잇 벨ㅌ?

의자 좀 앞으로 세워 주시겠어요?

Could you please put your seat upright?
쿠쥬우 플리-ㅈ 풋 유어ㄹ 씨-잇 엎롸잇?

STEP 2 Actual Practice

A **Could you please** fasten your seat belt?
쿠쥬우 플리-ㅈ 패아쓴 유어ㄹ 씨-잇 벨ㅌ?

B Oh, I'm sorry. I just forgot. 오, 암 쎄어리. 아이 저쓰ㅌ 훠ㄹ갓.

A 좌석벨트 좀 매 주시겠습니까?
B 오, 미안해요. 깜빡했어요.

Pattern 12

> 우쥬우 (을)라잌 썸띵 투...?
> # Would you like something to...?
> ~할 것 좀 드릴까요?

기내에서 승무원이 승객에게 음료나 식사를 제공하려고 할 때 먼저 의향을 묻게 되는데요. 이때 사용하는 패턴이죠. 그렇다고 기내에서만 사용하지는 않아요. 친구나 동료를 집에 초대한 상태에서 뭔가를 권하고자 할 때에도 사용할 수 있어요.

STEP 1 Pattern Practice

마실 것 좀 드릴까요?
Would you like something to drink**?**
우쥬우 (을)라잌 썸띵 투 쥬링ㅋ?

식사와 함께 마실 음료도 드릴까요?
Would you like something to drink with your meal**?**
우쥬우 (을)라잌 썸띵 투 쥬링ㅋ 위드 유어ㄹ 미-일?

그거랑 함께 마실 것 좀 드릴까요?
Would you like something to drink with that**?**
우쥬우 (을)라잌 썸띵 투 쥬링ㅋ 위드 댓?

먹을 것 좀 드릴까요?
Would you like something to eat**?**
우쥬우 (을)라잌 썸띵 투 이-잇?

STEP 2 Actual Practice

A **Would you like something to** drink**?**
　　우쥬우 (을)라잌 썸띵 투 쥬링ㅋ?

B A glass of wine, please. 어 글래써ㅂ 와인, 플리-ㅈ.

A　마실 것 좀 드릴까요?
B　와인 한 잔 부탁해요.

Pattern 13

위- 해브...
We have...
~이 있어요

기내에서 승무원이 Something to drink?(마실 것 좀 드릴까요?)라고 물을 때, 답변으로 What do you have?(뭐가 있는데요?)라고 말하면 되죠. 이때 '~이 있어요'라는 뜻으로 사용되는 패턴이에요.

STEP 1 Pattern Practice

커피랑 주스 있어요.
We have coffee and juice. 위- 해브 커어퓌 앤 주우스

맥주랑 와인 있어요.
We have beer and wine. 위- 해브 비어ㄹ 앤 와인.

오렌지 주스 있어요.
We have orange juice. 위- 해브 아린쥐 주우스

음료수와 와인, 맥주 있어요.
We have soft drinks, wine and beer.
위- 해브 싸-흐트 쥬링ㅆ, 와인 앤 비어ㄹ.

닭고기랑 쇠고기가 있어요.
We have chicken and beef. 위- 해브 취킨 앤 비-ㅎ.

STEP 2 Actual Practice

A Something to drink? **We have** soft drinks, wine and beer. 썸띵 투 쥬링ㅋ? 위- 해브 싸-흐트 쥬링ㅆ, 와인 앤 비어ㄹ.

B I'd like a beer, please.
아이드 (을)라이커 비어ㄹ, 플리-ㅈ.

A 마실 것 좀 드릴까요? 음료수와 와인, 맥주가 있어요.
B 맥주 부탁합니다.

Pattern 14

캐나이 해ㅂ..., 플리-ㅈ?
Can I have..., please?
~ 주시겠어요?

음료나 식사를 기내에서 할 경우, 자신의 입맛에 맞게 주문하면 되는데요. 항공사에 따라 기내식이 사뭇 다르죠. 평소에 자주 먹는 음식이 아니더라도 한 번쯤은 기내에서 제공되는 음식을 접해 보는 것도 해외여행의 즐거움이에요. 원하는 음료나 음식을 이 패턴으로 말해 보세요.

STEP 1 Pattern Practice

쇠고기 주시겠어요?
Can I have the beef, **please?** 캐나이 해ㅂ 더 비-ㅎ, 플리-ㅈ?

물 좀 주시겠어요?
Can I have some water, **please?** 캐나이 해ㅂ 썸 워-러ㄹ, 플리-ㅈ?

주스 좀 주시겠어요?
Can I have some juice, **please?** 캐나이 해ㅂ 썸 주우스, 플리-ㅈ?

커피 좀 더 주시겠어요?
Can I have some more coffee, **please?**
캐나이 해ㅂ 썸 모-어ㄹ 커어퓌, 플리-ㅈ?

커피 한 잔 주시겠어요?
Can I have a cup of coffee, **please?**
캐나이 해버 커퍼ㅂ 커어퓌, 플리-ㅈ?

STEP 2 Actual Practice

A **Can I have** some water, **please?**
캐나이 해ㅂ 썸 워-러ㄹ, 플리-ㅈ?

B Of course. Here you are, sir. 어ㅂ 코-ㄹ쓰 히어ㄹ 유우 아ㄹ, 써-ㄹ.

A 물 좀 주시겠어요?
B 물론이죠. 여기 있어요, 손님.

Pattern 15

하울러-엉 윌릿 테잇 투 겟 투…?
How long will it take to get to…?

~에 도착하는 데 얼마나 걸리죠?

해외여행 할 때 궁금한 게 생기게 되는데요. 바로 비행시간이죠. 몇 시간의 단거리 비행이라면 괜찮은데, 반나절 이상 걸리는 비행이라면 자칫 여행이 지루해질 수가 있어요. 승무원에게 목적지까지 비행시간이 어느 정도 되는지 궁금할 때 사용할 수 있는 패턴이죠.

STEP 1 Pattern Practice

샌프란시스코에 도착하는 데 얼마나 걸리죠?
How long will it take to get to San Francisco?
하울러-엉 윌릿 테잇 투 겟 투 샌 흐랜씨쓰코우?

뉴욕에 도착하는 데 얼마나 걸려요?
How long will it take to get to New York?
하울러-엉 윌릿 테잇 투 겟 투 뉴욕?

시드니에 도착하는 데 얼마나 걸리죠?
How long will it take to get to Sydney?
하울러-엉 윌릿 테잇 투 겟 투 씯니?

홍콩에 도착하는 데 얼마나 걸리나요?
How long will it take to get to Hong Kong?
하울러-엉 윌릿 테잇 투 겟 투 항캉?

STEP 2 Actual Practice

A How long will it take to get to San Francisco?
하울러-엉 윌릿 테잇 투 겟 투 샌 흐랜씨쓰코우?

B It will take about 11 hours, sir.
잇 위일 테이커바웃 일레븐 아우워ㄹ쓰, 써-ㄹ.

A 샌프란시스코에 도착하는 데 얼마나 걸리죠?
B 11시간 정도 걸립니다, 손님.

SIMILAR EXPRESSIONS

EXPRESSION 04

Welcome aboard. 웰커머보-ㄹ드.

어서 오세요., 환영합니다., 승선을 환영합니다.

해외여행을 떠나기 위해 비행기에 탑승하게 되면 기내 승무원들로부터 듣게 되는 말이 Welcome aboard.예요. 간단하게 Thanks.(고마워요.)라고 대답하면 되죠. 이 표현은 회사에 갓 입사한 신입사원에게 환영의 뜻으로도 사용할 수 있어요.

I would like to welcome you here. 아이 우들라잌 투 웰컴 유우 히어ㄹ.

이곳에 온 걸 환영합니다.

I would like to welcome you. 아이 우들라잌 투 웰컴 유우.   환영합니다.

EXPRESSION 05

Excuse me. 익쓰큐-ㅈ 미.   실례합니다., 다시 말씀해 주세요.

상대방의 얘기를 잘못 들어 다시 말해 달라고 부탁할 때나 길을 가다가 앞 사람에게 잠시 길 좀 비켜 달라고 말할 때 사용해요. 또는 상대방에게 질문을 하기 전에 먼저 관심을 끌고자 한다면 Excuse me.처럼 말을 먼저 건네면 되죠.

I beg your pardon? 아이 벡ㄱ 유어ㄹ 파-ㄹ든?   다시 말씀해 주시겠어요?
Pardon me. 파-ㄹ든 미.   다시 말씀해 주세요., 실례합니다.
I'm sorry? 암 쎄어리?   뭐라고 하셨죠?

> **EXPRESSION 06**
>
> **Please come this way.** 플리-ㅈ 컴 디ㅆ 웨이.　　이쪽으로 오세요.
>
> 길을 묻는 외국인에게 정중하게 Please come this way.라고 말하면 그 뜻은 '이쪽으로 오세요.'예요. 기내에서 자기 좌석이 어딘지 몰라 승무원에게 묻게 되면 승무원은 좌석을 안내해 주게 되는데요. 이때 Please come this way.라고 말하면, 그 뜻 또한 같은 의미이므로 안내하는 방향으로 가면 되죠.

Come this way, please. 컴 디ㅆ 웨이, 플리-ㅈ.　　이쪽으로 오세요.
This way, please. 디ㅆ 웨이, 플리-ㅈ.　　이쪽입니다.

> **EXPRESSION 07**
>
> **What do you have?** 윗 두 유우 해ㅂ?　　뭐가 있나요?
>
> 기내에서 승무원으로부터 Would you like something to drink?(마실 것 좀 드릴까요?)의 말을 듣게 되면, What do you have?(뭐가 있나요?)라고 답변하면 돼요. 어떤 종류가 있는지 묻는 말이에요.

What kind of soft drinks do you have?　　어떤 음료가 있나요?
윗 카인더ㅂ 쏘-흐트 쥬링ㅆ 두 유우 해ㅂ?

What kind of drinks do you have?
윗 카인더ㅂ 쥬링ㅆ 두 유우 해ㅂ?　　어떤 음료가 있어요?, 어떤 술이 있어요?

ADDITIONAL EXPRESSIONS

I'm afraid you're sitting in my seat.
아머후레이ㄷ 유어ㄹ 씨링 인 마이 씨-잇.   여기는 제 자리인 것 같은데요.

I think this is my seat.
아이 띵ㅋ 디씨ㅈ 마이 씨-잇.   여기는 제 자리인 것 같은데요.

Would you care for some nuts?
우쥬우 케어ㄹ 훠ㄹ 썸 넛ㅆ?   견과류 좀 드릴까요?

Where is 20B?
웨어리ㅈ 트워니비이?   20B는 어디죠?

Please return to your seat.
플리-ㅈ (우리타-언 투 유어ㄹ 씨-잇.   자리로 돌아가 주십시오.

Please remain in your seat until the seat belt sign is off.
플리-ㅈ (우리메인 인 유어ㄹ 씨-잇 언틸 더 씨-잇 벨 싸인 이접ㅎ.   좌석벨트 표시등이 꺼질 때까지 좌석에 그대로 앉아 계십시오.

Please follow me.
플리-ㅈ 활로우 미.   절 따라오십시오.

Do you have red pepper paste?
두 유우 해브 (우)레ㄷ 페퍼ㄹ 페이쓰ㅌ?   고추장 있어요?

May I recline my seat?
메이 아이 (우)리클라인 마이 씨-잇?   의자 좀 눕혀도 될까요?

Would you like some coffee?
우쥬우 (을)라익 썸 커어퓌?   커피 좀 드시겠어요?

Take the aisle to the right.
테잇 디 아일 투 더 (우)롸잇ㅌ   통로 쪽 오른쪽으로 가세요.

Please return your seat to the upright position.
플리-ㅈ (우)리터-언 유어ㄹ 씨-잇 투 디 엎롸잇 퍼지션 의자를 똑바로 세워 주십시오.

Something to drink?
썸띵 투 쥬링ㅋ? 마실 것 좀 드릴까요?

Can I offer you a snack?
캐나이 어-풔ㄹ 유우 어 스낵? 간식 좀 드릴까요?

I don't know how to fill out this form.
아이 도운ㅌ 노우 하우 투 휠라웃 디ㅆ 풔-ㄹ음. 이 양식을 어떻게 작성하는지 모르겠어요.

Will you be having lunch today?
윌 유우 비- 해빙 (을)런취 투데이? 오늘 점심 식사를 하시겠어요?

Please put your tray table up.
플리-ㅈ 풋츄어ㄹ 츄레이 테이블럽. 접이식 테이블을 접어 주십시오.

How long will it be before we land?
하울러-엉 윌릿 비- 비풔-ㄹ 위- 랜ㄷ? 착륙하려면 얼마나 더 있어야 하죠?

May I have a pillow, please?
메이 아이 해버 필로우, 플리-ㅈ? 베개 좀 주시겠어요?

Could you please take this away?
쿠쥬우 플리-ㅈ 테잇 디써웨이? 이것 좀 치워 주시겠습니까?

REVIEW 다음 괄호 안의 단어들을 올바른 순서대로 배열해 보세요.

1 (please, may, passport, see, your, I)
_____?

2 (boarding, please, may, pass, your, I, see)
_____?

3 (your, fasten, seat, belt, could, please, you)
_____?

4 (something, drink, would, to, like, you)
_____?

5 (would, read, you, to, like, something)
_____?

6 (and, we, juice, coffee, have)
_____.

7 (please, have, can, beef, the, I)
_____?

8 (San Francisco, will, take, get, to, how, it, long, to)
_____?

9 (can, please, cup, have, I, of, a, coffee)
_____?

UNIT 03
입국심사장에서

●●● 드디어 자신의 목적지에 도착하게 되면 짐을 찾아 입국심사장으로 가게 됩니다. 영어권 국가를 방문하게 되면 입국심사관에 의해 방문 목적이나 체류기간이 어떻게 되는지 질문 받게 되죠. 영어에 자신 없으면 왠지 긴장하게 되는데요. 여기서 두 가지 질문만 꼭 기억해 두세요.

1 Q : What is the purpose of your visit?
와리즈 더 퍼-ㄹ퍼써너 유어ㄹ 비짓?
방문 목적이 뭡니까?

A : I'm here to travel. 암 히어ㄹ 투 츄래블.
여행하러 왔어요.

Just traveling. 저쓰 츄래블링.
그냥 여행이에요.

2 Q : How long are you going to stay?
하울러-엉 아-ㄹ 유우 고잉 투 쓰떼이?
얼마나 있을 건가요?

A : For a week. 풔러 위억.
일주일 정도요.

I'm going to stay for about 2 days.
암 고잉 투 쓰떼이 풔러바웃 투- 데이ㅈ.
이틀 정도 있을 거예요.

학습할 패턴들을 미리 체크해 봅니다!

● 샌프란시스코에 오신 걸 환영합니다.

_____ San Francisco.

● 여권과 입국신고서 좀 볼 수 있을까요?

_____ passport and arrival card,

_____ ?

● 샌프란시스코 방문 목적이 뭐예요?

_____ San Francisco?

● 여행하러 왔어요.

_____ travel.

● 이곳에서 얼마나 머무를 건가요?

_____ stay here?

● 일주일 정도 머무를 계획이에요.

_____ stay for about a week.

● 신고할 게 있나요?

_____ declare?

정답 Welcome to / Can I see your, please / What's the purpose of your visit to / I'm here to / How long are you going to / I'm planning to / Do you have anything to

STEP 1 단어의 뜻을 알맞게 짝지어 보세요.

passport 패쓰포-ㄹ트 ( )	A 세관 신고서
arrival card 어롸이벌 카-ㄹ드 ( )	B 입국신고서
welcome 웰컴 ( )	C 목적
stay 쓰떼이 ( )	D 관광
landing card (을)랜딩 카-ㄹ드 ( )	E 신고하다
sightseeing 싸잇씨잉 ( )	F 여권
travel 츄래블 ( )	G 여행하다
customs declaration card ( ) 커쓰텀ㅆ 데클러레이션 카-ㄹ드	H 입국카드
purpose 퍼-ㄹ퍼ㅆ ( )	I 머무르다, 체류하다
declare 디클레어ㄹ ( )	J 환영하다, 맞이하다

> 정답 F / B / J / I / H / D / G / A / C / E

STEP 2 단어의 뜻을 정확하게 적어 보세요.

disembarkation card 디쎔바-ㄹ케이션 카-ㄹ드

fill out 휠라웃

entry card 엔츄리 카-ㄹ드

on vacation 언 베이케이션

on business 언 비즈니ㅆ

> 정답 입국신고서 / 작성하다 / 입국신고서 / 휴가차 / 업무차, 출장

ACTUAL DIALOGUE

샌프란시스코행 비행기에서 내린 신규는 가져온 여행 가방을 찾고 난 후 떨리는 마음으로 입국심사관과 대화를 나누는 상황이에요.

Pattern 16
A Hello. **Welcome to** San Francisco.

안녕하세요. 샌프란시스코에 오신 걸 환영합니다.

Similar Expressions ▶ I would like to welcome you to...

B Thank you. 고마워요.

Pattern 17
A **Can I see your** passport and arrival card, **please?**

여권과 입국신고서 좀 볼 수 있을까요?

Similar Expressions ▶ May I see your..., please? / Could you please show me your...? / Your..., please. / I would like to see your..., please.

B Of course. Here they are. 물론이죠. 여기 있어요.

Pattern 18
A Thank you. **What's the purpose of your visit to** San Francisco? 고맙습니다. 샌프란시스코 방문 목적이 뭐예요?

Similar Expressions ▶ Please tell me the purpose of your visit to... / What brings you here to...?

Pattern 19
B **I'm here to** travel. 여행하러 왔어요.

Similar Expressions ▶ I'm here for...

Pattern 20
A **How long are you going to** stay here?

이곳에서 얼마나 머무를 건가요?

Similar Expressions ▶ How long are you planning to...? / How long will you...? / How long are you supposed to...?

Pattern 21
B **I'm planning to** stay for about a week.

일주일 정도 머무를 계획이에요.

Similar Expressions ▶ I'm going to... / I will...

Pattern 22

A Do you have anything to declare? 신고할 게 있나요?
Similar Expressions ▶ Is there anything to...?

B No, I don't. 없습니다.

A Okay. Thank you for your cooperation.
알겠습니다. 협조해 주셔서 고맙습니다.

B The pleasure is mine. 별말씀을요.

A I hope you enjoy your stay here in San Francisco.
이곳 샌프란시스코에서 즐겁게 지내시길 바랍니다.

B Thank you so much. 정말 고마워요.

A You're welcome. 천만에요.

Pattern 16

웰컴 투...
Welcome to...
~에 오신 걸 환영합니다

비행기에서 내려 자신이 가져온 여행 가방을 찾아 입국심사장으로 가게 되면 좀 긴장하게 되죠. 특히 영어권은 더 그래요. 영어 때문이에요. 자신이 없기 때문이죠. 입국심사관이 방문을 해준 해외여행객들에게 할 수 있는 말이에요.

STEP 1 Pattern Practice

뉴욕에 오신 걸 환영합니다.
Welcome to New York. 웰컴 투 뉴욕.

샌프란시스코에 오신 걸 환영합니다.
Welcome to San Francisco. 웰컴 투 샌 흐랜씨쓰코우.

홍콩에 오신 걸 환영합니다.
Welcome to Hong Kong. 웰컴 투 헝캉.

한국에 오신 걸 환영합니다.
Welcome to Korea. 웰컴 투 코뤼-아.

시드니에 오신 걸 환영합니다.
Welcome to Sydney. 웰컴 투 씯드니.

STEP 2 Actual Practice

A **Welcome to** San Francisco. 웰컴 투 샌 흐랜씨쓰코우.

B Thank you. 땡큐우.

A 샌프란시스코에 오신 걸 환영합니다.
B 고맙습니다.

Pattern 17

캐나이 씨- 유어ㄹ..., 플리-ㅈ?

Can I see your..., please?

~ 좀 볼 수 있을까요?, ~ 좀 보여 주시겠어요?

공항에서 꼭 거쳐야 할 곳이 바로 입국심사장이에요. 내국인 전용, 외국인 전용으로 구분되어 있는데요. 해외여행객들은 외국인 전용에서 입국심사를 받아야 합니다. 이때 입국심사관에게 자주 듣게 되는 패턴이에요. 여권과 입국신고서를 보여 달라고 부탁할 때 사용하죠.

STEP 1 Pattern Practice

여권 좀 보여 주시겠어요?

Can I see your passport, **please?**

캐나이 씨- 유어ㄹ 패쓰포-ㄹ트, 플리-ㅈ?

입국신고서 좀 보여 줄래요?

Can I see your arrival card, **please?**

캐나이 씨- 유어ㄹ 어롸이벌 카-ㄹ드, 플리-ㅈ?

입국신고서 좀 보여 주시겠어요?

Can I see your immigration card, **please?**

캐나이 씨- 유어ㄹ 이미그레이션 카-ㄹ드, 플리-ㅈ?

세관신고서 좀 보여 줄래요?

Can I see your customs declaration form, **please?**

캐나이 씨- 유어ㄹ 커쓰텀ㅆ 데클러레이션 풔-ㄹ음, 플리-ㅈ?

STEP 2 Actual Practice

A Can I see your passport and arrival card, **please?**

캐나이 씨- 유어ㄹ 패쓰포-ㄹ트 앤 어롸이벌 카-ㄹ드, 플리-ㅈ?

B Sure, here they are. 셔ㄹ, 히어ㄹ 데이 아-ㄹ.

A 여권과 입국신고서 좀 볼 수 있을까요?
B 물론이죠, 여기요.

Pattern 18

왓츠 더 퍼-ㄹ퍼써ㅂ 유어ㄹ 비짓 투...?
What's the purpose of your visit to...?
~ 방문 목적이 뭐예요?

해외여행을 하면 반드시 거쳐야 할 곳이 입국심사장이에요. 그냥 떨리게 되죠. 특히 영어권으로 가게 되면요. 대부분 입국심사장에서 먼저 듣게 되는 질문이 방문 목적이에요.

STEP 1 Pattern Practice

싱가포르 방문 목적이 뭡니까?
What's the purpose of your visit to Singapore?
왓츠 더 퍼-ㄹ퍼써ㅂ 유어ㄹ 비짓 투 싱커포-ㄹ?

샌프란시스코 방문 목적이 뭐예요?
What's the purpose of your visit to San Francisco?
왓츠 더 퍼-ㄹ퍼써ㅂ 유어ㄹ 비짓 투 샌 흐랜씨쓰코우?

일본 방문 목적이 뭐죠?
What's the purpose of your visit to Japan?
왓츠 더 퍼-ㄹ퍼써ㅂ 유어ㄹ 비짓 투 줴팬!?

이탈리아 방문 목적이 뭡니까?
What's the purpose of your visit to Italy?
왓츠 더 퍼-ㄹ퍼써ㅂ 유어ㄹ 비짓 투 이럴리?

STEP 2 Actual Practice

A **What's the purpose of your visit to San Francisco?** 왓츠 더 퍼-ㄹ퍼써ㅂ 유어ㄹ 비짓 투 샌 흐랜씨쓰코우?

B **I'm here on vacation.** 암 히어런 베이케이션.

A 샌프란시스코 방문 목적이 뭐예요?
B 휴가차 왔어요.

Pattern 19

암 히어ㄹ 투...
I'm here to...
~하러 왔어요

입국심사관이 방문 목적을 물을 때, 답변으로 간단하게 활용할 수 있는 패턴이에요. 여기서 to 다음에 동사원형이 나와야 해요.

STEP 1 Pattern Practice

여행하러 왔어요.
I'm here to travel. 암 히어ㄹ 투 츄래블.

공부하러 왔어요.
I'm here to study. 암 히어ㄹ 투 쓰따디.

친척 방문하러 왔습니다.
I'm here to visit relatives. 암 히어ㄹ 투 비짓 (우)렐러티브즈.

회의에 참석차 왔어요.
I'm here to attend a conference. 암 히어ㄹ 투 어텐더 칸훠런ㅆ.

워크숍에 참석하러 왔습니다.
I'm here to attend a workshop. 암 히어ㄹ 투 어텐더 워-ㄹ크샵.

STEP 2 Actual Practice

A What's the purpose of your visit? 왓츠 더 파-ㄹ퍼쓰ㅂ 유어ㄹ 비짓

B I'm here to travel. 암 히어ㄹ 투 츄래블.

A 방문 목적이 뭐죠?
B 여행하러 왔어요.

Pattern 20

> 하울러-엉 아-ㄹ 유우 고잉 투...?
> # How long are you going to...?
> 얼마나 ~할 건가요?

간단하게 방문 목적을 묻고 난 후 체류 기간이 얼마나 되는지를 알고 싶을 때, 이 패턴을 사용해요. 여기서 「be going to+동사원형」 대신에 「be planning to+동사원형」을 사용해도 돼요.

STEP 1 Pattern Practice

얼마나 머무를 거예요?
How long are you going to stay?
하울러-엉 아-ㄹ 유우 고잉 투 쓰떼이?

이곳에 얼마나 머무를 건가요?
How long are you going to stay here?
하울러-엉 아-ㄹ 유우 고잉 투 쓰떼이 히어ㄹ?

이곳에 얼마나 있을 건가요?
How long are you going to be here?
하울러-엉 아-ㄹ 유우 고잉 투 비- 히어ㄹ?

이곳 샌프란시스코에 얼마나 머무를 건가요?
How long are you going to stay here in San Francisco? 하울러-엉 아-ㄹ 유우 고잉 투 쓰떼이 히어린 샌 흐랜씨쓰코우?

STEP 2 Actual Practice

A   How long are you going to stay here?
하울러-엉 아-ㄹ 유우 고잉 투 쓰떼이 히어ㄹ?

B   I'm going to stay for 3 days. 암 고잉 투 쓰떼이 훠ㄹ 뜨리 데이ㅈ.

A   이곳에서 얼마나 머무를 건가요?
B   3일 머무를 거예요.

Pattern 21

암 플래닝 투...
I'm planning to...

~할 계획이에요, ~할 생각이에요

입국심사장에서 기본적인 질문에 답변을 할 때, 스스로 계획하고 있던 일을 말하려면 이 패턴을 활용할 수 있어요.

STEP 1 Pattern Practice

관광할 계획이에요.
I'm planning to go sightseeing. 암 플래닝 투 고우 싸잇씨잉.

일주일 정도 머무를 계획이에요.
I'm planning to stay for about a week.
암 플래닝 투 쓰떼이 훠러바우러 위-ㅋ.

약 한 달 정도 있을 거예요.
I'm planning to stay for about a month.
암 플래닝 투 쓰떼이 훠러바우러 먼쓰.

호텔에서 머물 생각이에요.
I'm planning to stay in a hotel. 암 플래닝 투 쓰떼이 이너 호우텔.

STEP 2 Actual Practice

A **I'm planning to** stay for about a week.
암 플래닝 투 쓰떼이 훠러바우러 위-ㅋ.

B Okay. Have a great trip in San Francisco.
오우케이. 해버 그레잇 츄리핀 샌 흐랜씨쓰코우.

A 일주일 정도 머무를 계획이에요.
B 알았습니다. 샌프란시스코에서 좋은 여행 되세요.

Pattern 22

> 두 유우 해ㅂ 애니띵 투...?
> # Do you have anything to...?
> ~할 게 있나요?

입국심사장을 통과할 때 혹시나 입국심사관이 방문한 관광객에게 신고할 내용물이 있는지 물어볼 수 있어요. 특히 동사 declare(신고하다)는 꼭 기억해 두어야 해요.

STEP 1 Pattern Practice

신고할 게 있나요?

Do you have anything to declare?

두 유우 해ㅂ 애니띵 투 디클레어ㄹ?

신고하실 소지품이 있으십니까, 손님?

Do you have anything to declare, sir?

두 유우 해ㅂ 애니띵 투 디클레어ㄹ, 써-ㄹ?

신고하실 소지품이 있으십니까, 손님?

Do you have anything to declare, ma'am?

두 유우 해ㅂ 애니띵 투 디클레어ㄹ, 맴?

할 말 있어요?

Do you have anything to say? 두 유우 해ㅂ 애니띵 투 쎄이?

물어볼 게 있나요?

Do you have anything to ask me? 두 유우 해ㅂ 애니띵 투 애쓰ㅋ 미?

STEP 2 Actual Practice

A Do you have anything to declare?
두 유우 해ㅂ 애니띵 투 디클레어ㄹ?

B No, nothing. 노우, 낫띵.

A 신고할 게 있나요?
B 아니요, 없어요.

SIMILAR EXPRESSIONS

EXPRESSION 08

Thank you for your cooperation.

땡큐우 훠ㄹ 유어ㄹ 코우아퍼레이션.   협조해 주셔서 고맙습니다.

명사 cooperation은 '협조', '협력'이라는 뜻이에요. 자신이 원하는 바대로 상대방이 협조해 줄 때 Thank you for your cooperation.(협조해 주셔서 고맙습니다.)라고 말하게 되죠.

Thanks for your cooperation.   협조해 줘서 고마워요.
땡쓰 훠ㄹ 유어ㄹ 코우아퍼레이션.

I would like to thank you for your cooperation.
아이 우들라잌 투 땡큐우 훠ㄹ 유어ㄹ 코우아퍼레이션.   협조에 주신 것 감사드리고 싶습니다.

I want to thank you for your cooperation.   협조에 감사드립니다.
아이 원 투 땡큐우 훠ㄹ 유어ㄹ 코우아퍼레이션.

EXPRESSION 09

The pleasure is mine. 더 플레줘ㄹ 이ㅈ 마인.   별말씀을요.

누군가로부터 Thank you.(감사합니다.)라는 말을 듣게 되면 자동적으로 You're welcome.(천만에요.)이라고 대답하는데요. 가끔은 식상한 느낌이 들어요. 같은 의미로 다양한 표현이 있어요. The pleasure is mine.을 직역하면 '그 기쁨은 내 것이다.'지만, 이 역시 '별말씀을요.', '천만에요.'라는 뜻이에요.

It's my pleasure. 잇ㅆ 마이 플레줘ㄹ.   천만에요., 별말씀을요.
My pleasure. 마이 플레줘ㄹ.   별말씀을요.

EXPRESSION 10

I hope you enjoy your stay here in San Francisco.
아이 호우ㅍ 유우 인쥐이 유어ㄹ 쓰떼이 히어린 샌 흐랜씨쓰코우.

이곳 샌프란시스코에서 즐겁게 지내시길 바랍니다.

자국을 방문한 해외여행객들이 제일 먼저 공항에서 만나는 사람이 바로 입국심사관이에요. 어떤 인상을 주느냐에 따라 자국에 대한 생각이 달라질 수가 있죠. 이럴 때 I hope you enjoy your stay here in San Francisco.(이곳 샌프란시스코에서 즐겁게 지내시길 바랍니다.)라고 말을 건네게 되면, 가뜩이나 영어 때문에 주눅 들어 있는 해외여행객들에게 한결 편안한 느낌을 전달하게 되는 거예요. 간단하게 Thank you for saying that.(말이라도 고마워요.)라고 대답하면 되죠.

I hope you'll enjoy your stay here in San Francisco.
아이 호우ㅍ 유-울 인쥐이 유어ㄹ 쓰떼이 히어린 샌 흐랜씨쓰코우.

이곳 샌프란시스코에서 즐겁게 지내시길 바랍니다.

I would like you to enjoy your stay here in San Francisco.
아이 우들라잌큐우 투 인쥐이 유어ㄹ 쓰떼이 히어린 샌 흐랜씨쓰코우.

이곳 샌프란시스코에서 즐겁게 지내셨으면 합니다.

ADDITIONAL EXPRESSIONS

Just traveling.
저쓰 츄래블링. 그냥 여행 왔어요.

Please show me how to fill in this form.
플리-ㅈ 쇼우 미 하우 투 휠린 디ㅆ 훠-ㄹ음. 이 양식 작성하는 방법 좀 가르쳐 주십시오.

What is your final destination?
와리ㅈ 유어ㄹ 화이널 데쓰터네이션? 최종 목적지는 어딘가요?

May I have another entry card?
메이 아이 해버나더ㄹ 엔츄리 카-ㄹ드? 입국카드 한 장 더 주시겠어요?

What should I write here?
왓 슈다이 (우)롸잇 히어ㄹ? 여기에 뭘 써야 하죠?

For about a week.
훠러바우러 위-ㅋ. 일주일 정도요.

I'm here on business.
암 히어런 비즈니ㅆ. 업무차 왔어요.

We're here on our honeymoon.
위어 히어런 아우어ㄹ 허니무운. 신혼여행 왔어요.

Is there anything to declare?
이ㅈ 데어ㄹ 애니띵 투 디클레어ㄹ? 신고할 게 있나요?

Is this your first trip to San Francisco?
이ㅈ 디ㅆ 유어ㄹ 훠-ㄹ쓰 츄립 투 샌 흐랜씨쓰코우? 샌프란시스코에는 처음 여행 오셨나요?

This is my second trip.
디씨ㅈ 마이 쎄컨 츄립. 두 번째 여행이에요.

Where will you be staying?
웨어ㄹ 윌 유우 비- 쓰떼잉? 어디서 머물 건가요?

This is my first time in America.
디씨ㅈ 마이 훠-ㄹ쓰 타이민 어메리카. 미국에는 처음 왔어요.

I've been here many times.
아비ㅂ 빈 히어ㄹ 매니 타임ㅈ. 이곳에 많이 왔습니다.

What is your nationality?
와리ㅈ 유어ㄹ 내셔낼러티? 국적이 어떻게 되죠?

How soon are you leaving for Japan?
하우 쑤-운 아-ㄹ 유우 (을)리-빙 훠ㄹ 쥐팬? 언제쯤 일본으로 떠나십니까?

Business or pleasure?
비즈니ㅆ 오-ㄹ 플레줘ㄹ? 비즈니스입니까? 아니면 관광입니까?

Have you ever been to Japan before?
해뷰우 에버ㄹ 빈 투 쥐팬 비훠-ㄹ? 전에 일본에 가본 적이 있습니까?

Please follow me.
플리-ㅈ 활로우 미. 절 따라오세요.

Are you here alone or with someone?
아-ㄹ 유우 히어ㄹ 얼로운 오-ㄹ 위ㄷ 썸원? 이곳에 혼자 오셨나요? 아니면 같이 온 사람이 있어요?

REVIEW 다음 괄호 안의 단어들을 올바른 순서대로 배열해 보세요.

1 (travel, to, here, am, I)
_____ .

2 (York, welcome, New, to)
_____ .

3 (visit, Singapore, purpose, is, what, your, the, of, to)
_____ ?

4 (can, your, passport, I, please, see)
_____ ?

5 (can, please, your, see, I, card, arrival)
_____ ?

6 (am, I, study, here, to)
_____ .

7 (do, declare, anything, you, to, have)
_____ ?

8 (how, stay, you, going, to, long, are)
_____ ?

9 (am, I, relatives, planning, visit, my, to)
_____ .

나의 황당한 경험

성명 최용준(남) 50대

LA 공항에서 하와이 가려고 Mexico에서 LA 입국 시 하와이에 왜 가려 하느냐고 해서 사업을 하기 위해 보러 간다 했더니 꼬치꼬치 물어서 크게 당황했었습니다. 그냥 여행이라고 했으면 간단히 해결될 것을 잘난 척하려다 오히려 낭패를 본 적이 있었습니다.

성명 조경희(여) 50대

네덜란드 스키폴 공항에서 몸 수색을 두 번 받았습니다. 짜증이 많이 났었습니다. 원인은 벨트에 있는 금속 때문이었습니다.

성명 배정훈(남) 60대

하와이 도착 후 1시간 동안 참ух 흡연의 욕구를 해결하고 가방 둔 곳에 돌아오니 작은 강아지가 가방 옆에 점잖게 앉아 대기하고 있었습니다. 발로 툭 차서 밀쳐도 비키지 않았고 잠시 후 공항 직원이 왔습니다. 가방 속의 물건이 무엇이냐고 물길래 캐슈넛과 사라 2개라고 말했습니다. 따라오라고 하더군요. 이유인 즉 음식물 반입 금지 때문이었죠. 강제 위탁 후 입국했습니다.

성명 이주산(여) 50대

방문 목적으로 business 대답 후 다음 질문인 얼마나 체류할 건지를 제대로 알아듣지 못해 당황한 적이 있었습니다.

성명 김금자(여) 50대

캄보디아에서는 즉석 비자를 발급받았는데 입국 도장을 찍어 주는 대가로 1달러를 요구하더군요. 절대로 주지 않았습니다. 황당한 경험이었죠. 독일공항 출국 검색대에서 한 사람씩 했는데 finish란 말을 알아듣지 못하고 멍청히 있었습니다. 나중에 어찌나 황당했던지….

UNIT 04
길 찾기

●●● 입국심사대를 통과한 후 드디어 공항을 빠져나옵니다. 이때 기쁨도 잠시, 가야 할 목적지를 어떻게 찾아야 할지 막막하게 되죠. 우연찮게 머물 호텔을 찾게 되더라도 그 다음 길을 나서자마자 다음 행선지로 어떻게 가야 할지, 어느 방향으로 가야 할지 망설이게 되는데요. 이러다 길이라도 잃게 되면 어쩐지 두려움이 엄습하게 됩니다. 이럴 때는 주위 사람에게 도움을 요청하면 된답니다.

"죄송하지만, 길 좀 가르쳐 주시겠어요? 제가 길을 잃은 것 같아서요."
이 말을 영어로는

Excuse me, could you please give me some directions? 익쓰큐-즈 미, 쿠쥬우 플리-즈 기브 미 썸 디렉션즈?

I think I'm lost. 아이 띵크 암 (을)라-쓰트

학습할 패턴들을 미리 체크해 봅니다!

● 길 좀 가르쳐 주시겠어요?

_____ some directions?

● 가장 가까운 버스 정류장을 어떻게 찾을 수 있죠?

_____ bus stop?

● 여기서 거기 어떻게 가죠?

_____ get there _____ ?

● 오른쪽으로 도셔야 해요.

_____ turn right.

● 저 좀 도와줬으면 해요.

_____ help me.

> **정답** Could you give me / How can I find the nearest / How do I, from here / You should / I want you to

MINI QUIZ

STEP 1 단어의 뜻을 알맞게 짝지어 보세요.

direction 디렉션 ( )		A 길을 잃다
look for (을)룩 훠ㄹ ( )		B 택시 승강장
bus stop 버쓰땁 ( )		C 길, 방향, 지시
taxi stand 택씨 쓰탠드 ( )		D 그곳에 도착하다
be lost 비-(을)러-쓰트 ( )		E 걸어서
stranger 쓰츄레인줘ㄹ ( )		F 오른쪽으로 돌다
convenience store 컨비-니언 쓰또(어) ( )		G ~을 찾다
get there 겟 데어ㄹ ( )		H 낯선 사람
on foot 언 훗 ( )		I 버스 정류장
turn right 터-ㄹ은 (우)롸잇 ( )		J 편의점

정답 C / G / I / B / A / H / J / D / E / F

STEP 2 단어의 뜻을 정확하게 적어 보세요.

turn left 터-ㄹ은 (을)레ㅎ트

shortcut 쇼-ㄹ컷

city map 씨리 맵ㅍ

walk straight 워-ㅋ 쓰츄레이트

traffic light 츄래휙 (을)라잇트

way 웨이

정답 왼쪽으로 돌다 / 지름길 / 시내 지도 / 똑바로 걷다 / 신호등 / 방법, 길

ACTUAL DIALOGUE

샌프란시스코에 도착한 신규는 미리 정해진 스케줄대로 여행지를 찾으려고 해요. 하지만 이곳 샌프란시스코 방문이 처음이라 어디가 어딘지 도무지 알 수 없어 길에서 헤매고 있죠. 마침 지나가는 행인에게 길을 묻는 상황이에요.

Pattern 23

A Excuse me. **Could you give me** some directions?

실례합니다. 길 좀 가르쳐 주시겠어요?

Similar Expressions ▶ Would you please give me...? / Can you give me..., please? / Please give me...

B Sure. Are you a tourist or something?

물론이죠. 혹시 여행객이에요?

A Yes, I am. 네.

B What are you looking for? 무엇을 찾고 있는데요?

Pattern 24

A **How can I find the nearest** bus stop?

가장 가까운 버스 정류장을 어떻게 찾을 수 있죠?

Similar Expressions ▶ Could you please tell me how I can find the nearest...? / Where is the nearest...? / I'm looking for the nearest... / Do you know where the nearest... is?

B You mean you're looking for the bus stop?

버스 정류장을 찾고 있는 건가요?

A Yes, that's right. 네, 맞아요.

B Well, there's one near here.

음, 이 근처에 버스 정류장이 있거든요.

Pattern 25

A Oh, really? **How do I** get there **from here**?

오, 그래요? 여기서 어떻게 거기 가죠?

Similar Expressions ▶ How can I... from here? / Please let me know the way to... from here.

B First, walk straight up this street to the second traffic light. 우선, 두 번째 신호등까지 이 길로 쭉 걸어 올라가세요.

Pattern 26

Then, **you should** turn right and you'll see the bus stop on your right. You can't miss it.
그리고 나서, 오른쪽으로 도셔야 해요. 그러면 오른쪽에 버스 정류장이 보일 거예요. 찾기 쉬울 겁니다.
Similar Expressions ▶ You have to... / You need to...

A Thank you so much. 정말 고마워요.

Pattern 27

B You're quite welcome. **I want you to** enjoy yourself while you're here.
천만에요. 여기 있는 동안 맘껏 즐겼으면 해요.
Similar Expressions ▶ I would like you to...

A Wow! You're so friendly. Thank you for saying that. 와우! 정말 친절하시군요. 말이라도 고마워요.

B It's nothing. Bye-bye. 별거 아니에요. 잘 가요.

A Bye-bye. 잘 가요.

Pattern 23

쿠쥬우 기ㅂ 미...?
Could you give me...? ~ 좀 주시겠어요?

해외여행에서 가장 당황스러운 일은 길을 잃어 헤매는 겁니다. 특히 영어권 국가에서 이런 상황이 발생하면 난감하게 되죠. 평소에 쑥스러워 말도 못했던 사람도 자신도 모르게 바디 랭귀지로 의사소통을 하려 애쓰게 됩니다. 이럴 때 some directions을 넣어 말하면 '길 좀 가르쳐 주시겠어요?'가 되는 거예요.

STEP 1 Pattern Practice

길 좀 가르쳐 주시겠어요?
Could you give me some directions? 쿠쥬우 기ㅂ 미 썸 디렉션ㅈ?

좀 도와주시겠어요?
Could you give me some help? 쿠쥬우 기ㅂ 미 썸 헬ㅍ?

시내 지도 좀 주시겠어요?
Could you give me a city map? 쿠쥬우 기ㅂ 미 어 씨리 맵ㅍ?

도와주시겠어요?
Could you give me a hand? 쿠쥬우 기ㅂ 미 어 핸ㄷ?

차 좀 태워 주시겠어요?
Could you give me a lift? 쿠쥬우 기ㅂ 미 어 (을)리흐ㅌ?

STEP 2 Actual Practice

A Excuse me, **could you give me** some directions?
익쓰큐-ㅈ 미, 쿠쥬우 기ㅂ 미 썸 디렉션ㅈ?

B Sure. Where are you going? 셔ㄹ, 웨어ㄹ 아-ㄹ 유우 고잉?

A 실례합니다. 길 좀 가르쳐 주시겠어요?
B 물론이죠. 어디 가는데요?

70 ● 초치기 여행영어

Pattern 24

하우 캐나이 환인ㄷ 더 니어리쓰ㅌ...?
How can I find the nearest...?

가장 가까운 ~을 어떻게 찾을 수 있죠?

여행을 하다 보면 지나가는 행인에게 길을 자주 물어보게 되는데요. 때로는 자신이 찾고자 하는 목적지와 비슷한 가장 가까운 곳이 어디에 있는지 알고 싶을 때 이 패턴을 사용하죠.

STEP 1 Pattern Practice

가장 가까운 버스 정류장을 어떻게 찾을 수 있죠?
How can I find the nearest bus stop?
하우 캐나이 환인ㄷ 더 니어리쓰ㅌ 버쓰땁?

가장 가까운 편의점을 어떻게 찾을 수 있죠?
How can I find the nearest convenience store?
하우 캐나이 환인ㄷ 더 니어리쓰ㅌ 컨비-니언 쓰또(어)?

가장 가까운 해변을 어떻게 찾죠?
How can I find the nearest beach?
하우 캐나이 환인ㄷ 더 니어리쓰ㅌ 비-취?

가장 가까운 지하철역을 어떻게 찾을 수 있나요?
How can I find the nearest subway station?
하우 캐나이 환인ㄷ 더 니어리쓰ㅌ 써브웨이 쓰떼이션?

STEP 2 Actual Practice

A **How can I find the nearest** bus stop?
하우 캐나이 환인ㄷ 더 니어리쓰ㅌ 버쓰땁?

B I'm sorry, but I'm new here myself.
암 쎄어리, 벗 암 뉴- 히어ㄹ 마이쎌ㅎ.

A 가장 가까운 버스 정류장을 어떻게 찾을 수 있죠?
B 미안하지만, 저도 이곳이 처음이에요.

Pattern 25

하우 두 아이... 흐럼 히어ㄹ?
How do I... from here?

여기서 어떻게 ~하죠?

목적지를 찾아가는 방법을 몰라 지나가는 행인에게 묻게 될 때 사용하는 패턴이에요. 해외여행을 하다 보면 주위 환경에 낯설어 종종 길을 헤매게 되잖아요. 이때 자기가 가려는 목적지를 어떻게 하면 쉽게 찾아갈 수 있는지 궁금해서 가던 길을 멈추고 주위 사람에게 도움을 요청할 때가 있어요.

STEP 1 Pattern Practice

여기서 어떻게 거기 가죠?
How do I get there **from here?** 하우 두 아이 겟 데어ㄹ 흐럼 히어ㄹ?

이곳에서 그 해변에 어떻게 가죠?
How do I go to the beach **from here?**
하우 두 아이 고우 투 더 비-취 흐럼 히어ㄹ?

여기서 어떻게 주차 공간을 찾죠?
How do I find a parking spot **from here?**
하우 두 아이 화인더 파-ㄹ킹 쓰빳 흐럼 히어ㄹ?

여기서 기차역까지 어떻게 가나요?
How do I get to the train station **from here?**
하우 두 아이 겟 투 더 츄레인 쓰떼이션 흐럼 히어ㄹ?

STEP 2 Actual Practice

A Excuse me, **how do I** get there **from here?**
익쓰큐-ㅈ 미, 하우 두 아이 겟 데어ㄹ 흐럼 히어ㄹ?

B You should go straight for two blocks. It's on the right. 유우 슈ㄷ 고우 쓰츄레잇ㅌ 훠ㄹ 투- 블락ㅆ. 잇쩐 더 (우)롸잇

A 실례지만, 여기서 어떻게 거기 가죠?
B 곧장 가서 두 블록 지나세요. 오른쪽에 있어요.

Pattern 26

유우 슈드...
You should...
~해야 해요

강한 충고조의 권유를 나타낼 때 조동사 should를 사용해요. 길을 가다가 누군가가 길을 묻게 될 때, 이 패턴을 활용해서 도움을 줄 수 있어요.

STEP 1 Pattern Practice

택시를 타야 해요.
You should take a taxi. 유우 슈드 테이커 택씨.

오른쪽으로 돌아야 해요.
You should turn right. 유우 슈드 터-ㄹ은 (우)롸잇.

여기서 돌아야 해요.
You should turn around here. 유우 슈드 터-너라운드 히어ㄹ.

곧장 가셔야 해요.
You should go straight. 유우 슈드 고우 쓰츄레잇ㅌ.

걸어서 이 길을 쭉 올라가야 해요.
You should walk straight up this street.
유우 슈드 워-ㅋ 쓰츄레이럽 디쓰츄리-잇.

STEP 2 Actual Practice

A **You should** walk straight up this street.
유우 슈드 워-ㅋ 쓰츄레이럽 디쓰츄리-잇.

B Okay. Thank you so much. 오우케이. 땡큐우 쏘우 머취.

A 걸어서 이 길을 쭉 올라가야 해요.
B 알았어요. 정말 고마워요.

Pattern 27

아이 원츄우 투...
I want you to...
~했으면 해요

해외여행을 하다 보면 다른 여행객들과 대화를 나눌 수 있는 기회가 생기게 돼요. 여행을 통해 얻는 즐거움이죠. 상대방에게 어떠했으면 좋겠다고 말하고 싶을 때 사용하는 패턴이에요.

STEP 1 Pattern Practice

나랑 함께 있어 줬으면 해요.
I want you to be with me. 아이 원츄우 투 비- 위(ㅆ) 미.

여기 있는 동안 맘껏 즐겼으면 해요.
I want you to enjoy yourself while you're here.
아이 원츄우 투 인쥐이 유어ㄹ쎌ㅎ 와일 유어ㄹ 히어ㄹ.

이곳에서 조심했으면 해요.
I want you to be careful here. 아이 원츄우 투 비- 케어ㄹ풜을 히어ㄹ.

안전하게 거기 도착했으면 해요.
I want you to get there safely. 아이 원츄우 투 겟 데어ㄹ 쎄잎흘리.

저 좀 도와줬으면 해요.
I want you to help me. 아이 원츄우 투 헬ㅍ 미.

STEP 2 Actual Practice

A   **I want you to** enjoy yourself while you're here.
아이 원츄우 투 인쥐이 유어ㄹ쎌ㅎ 와일 유어ㄹ 히어ㄹ.

B   Oh, thank you for saying that. I'll try.
오우, 땡큐우 풔ㄹ 쎄잉 댓. 아일 츄라이.

A   여기 있는 동안 맘껏 즐겼으면 해요.
B   오, 말이라도 고마워요. 노력해 볼게요.

SIMILAR EXPRESSIONS

EXPRESSION 11

What are you looking for?

윗 아-ㄹ 유우 (을)룩킹 풔ㄹ?   무엇을 찾고 있는데요?

해외여행에서 자주 경험하게 되는 것이 목적지를 찾는 거예요. 요즘은 워낙 스마트폰의 기능이 발달해서 길 찾는 어플만 깔아 놓으면 자기가 가고 싶은 곳을 찾을 수가 있는데요. 혹시나 지나가는 행인에게 길을 물어야 할 경우가 생길 수 있어요. Excuse me. Could you give me some directions?(실례합니다. 길 좀 가르쳐 주시겠어요?)라는 식으로 물어보면 돼요. 이때 What are you looking for?(무엇을 찾고 있는데요?) 식의 답변을 종종 듣게 되죠.

What are you searching for?   무엇을 찾고 있어요?
윗 아-ㄹ 유우 써-ㄹ칭 풔ㄹ?

What are you trying to find?   무엇을 찾으려고 하는 거죠?
윗 아-ㄹ 유우 츄라잉 투 화인ㄷ?

What do you want? 윗 두 유우 원ㅌ?   원하는 게 뭐예요?

EXPRESSION 12

That's right. 댓ㅆ (우)롸잇.   맞아요.

상대방의 말에 전적으로 동의할 때 사용하는 말이에요. 즉, 상대편의 말의 긍정이든 부정이든 나와의 생각이 일치하면 동의한다는 말투로 대답하게 되잖아요. That's right.이라고 하면 '맞아요.'라는 뜻이에요.

Sure. 셔ㄹ.   물론이죠.
Right on. (우)롸이런.   맞아요.
Of course. 어ㅂ 코-ㄹ쓰.   당연하죠.
You bet. 유우 벳.   물론이죠.

EXPRESSION 13

You can't miss it. 유우 캔트 미씻   찾기 쉬울 거예요.

길을 묻는 상대방에게 목적지까지 가는 방법을 알려 주고 난 후, You can't miss it.이라고 말하면 '찾기 쉬울 거예요.', '틀림없이 찾을 수 있을 거예요.'라는 뜻이에요. 다시 말해서 찾는 데 어려움이 있을 것 같지만 그래도 꼭 찾을 수 있을 것이라며 격려하는 말이에요.

You'll have no problems finding it. 찾는 데 전혀 문제가 없을 거예요.
유-울 해ㅂ 노우 프라블럼z 화인딩 잇.

There will be no problems finding it. 찾는 데 문제가 없을 거예요.
데어ㄹ 윌 비- 노우 프라블럼z 화인딩 잇.

You'll have no difficulty finding it. 찾는 데 어려움은 없을 거예요.
유-울 해ㅂ 노우 디휘컬티 화인딩 잇.

ADDITIONAL EXPRESSIONS

I think I'm lost.
아이 띵ㅋ 암 (을)러-스ㅌ.
길을 잃은 것 같아요.

Let me ask around and let you know.
(을)렛 미 애쓰카라운ㄷ 앤 (을)렛츄우 노우.
주변 사람에게 물어보고 알려 줄게요.

I'm sorry I'm a stranger here myself.
암 써어리 아머 쓰츄레인줘ㄹ 히어ㄹ 마이쎌ㅎ.
죄송하지만 저도 이곳은 처음이에요.

Do you know where the bus stop is?
두 유우 노우 웨어ㄹ 더 버쓰탑 이ㅈ?
버스 정류장이 어디 있는지 알아요?

Is this the right way to the train station?
이ㅈ 디ㅆ 더 (우)롸잇 웨이 투 더 츄레인 쓰떼이션?
이 길이 기차역으로 가는 길 맞나요?

Would you show me the way to the Hilton Hotel?
우쥬우 쇼우 미 더 웨이 투 더 힐튼 호우텔?
힐튼호텔 가는 길 좀 가르쳐 주시겠어요?

It's walking distance.
잇ㅆ 워킹 디쓰턴ㅆ.
걸어갈 수 있는 거리예요.

Could you show me where I am on this map?
쿠쥬우 쇼우 미 웨어ㄹ 아이 엠 언 디ㅆ 맵ㅍ?
이 지도상에서 제가 어디에 있는지 가르쳐 주시겠어요?

You are so friendly.
유우 아-ㄹ 쏘우 흐렌들리.
정말 친절하시군요.

Are you familiar with this area?
아-ㄹ 유우 훠밀뤼어ㄹ 위ㄷ 디쎄어리어?
이 지역 지리에 밝으십니까?

I don't know anything about this area.
아이 도운ㅌ 노우 애니띵 어바웃 디쎄어리어.
이 지역에 대해서는 아무것도 모릅니다.

This is my first time here in New York.
디씨ㅈ 마이 훠-ㄹ스ㅌ 타임 히어린 뉴욕.
이곳 뉴욕에는 처음 왔어요.

Can I get some directions?
캐나이 겟 썸 디렉션ㅈ?
위치 좀 가르쳐 줄래요?

Is there one near here?
이ㅈ 데어ㄹ 원 니어ㄹ 히어ㄹ?
이 근처에 있나요?

How long does it take by bus?
하울러-엉 더짓 테잇 바이 버ㅆ?
버스로 가면 얼마나 걸리죠?

Where am I now?
웨어ㄹ 애마이 나우?
지금 여기가 어디죠?

Which way should I take to get to the airport?
윗취 웨이 슈다이 테잇 투 겟 투 디 에어ㄹ포-ㄹ트?
공항에 가려면 어느 길로 가야 하죠?

What is the best way to go there?
윗 이ㅈ 더 베스ㅌ 웨이 투 고우 데어ㄹ?
그곳으로 가는 가장 좋은 방법이 뭐예요?

Is it easy to find?
이짓 이지 투 화인ㄷ?
찾기 쉬운가요?

I want to know how to get there.
아이 원 투 노우 하우 투 겟 데어ㄹ.
그곳에 어떻게 가는지 알고 싶어요.

I don't know which way I should go.
아이 도운ㅌ 노우 윗치 웨이 아이 슈ㄷ 고우.
어느 방향으로 가야 할지 모르겠어요.

REVIEW 다음 괄호 안의 단어들을 올바른 순서대로 배열해 보세요.

1 (some, could, directions, me, give, you)
_____ ?

2 (there, how, here, I, get, from, do)
_____ ?

3 (go, you, straight, should)
_____ .

4 (from, airport, how, I, to, get, here, do, the)
_____ ?

5 (right, you, turn, should)
_____ .

6 (have, I, you, want, great, time, to, a)
_____ .

7 (help, I, me, to, you, want)
_____ .

8 (a, map, could, city, give, me, you)
_____ ?

9 (nearest, stop, how, find, the, bus, I, can)
_____ ?

나의 황당한 경험

성명 박신규(저자)

해외여행을 하다 보면 처음 방문하는 곳의 주변 지리에 익숙치 않기에 어쩔 수 없이 지나가는 행인에게 길을 물어봐야만 합니다. 가족과 함께 홍콩에 갔을 때 침사추이로 가는 배를 어디서 타야 할지 몰라 길을 지나가던 중년 신사에게 영어로 Excuse me, could you give me some directions?(실례지만, 길 좀 가르쳐 주시겠습니까?)라고 물어봤는데요. 이 분은 오히려 홍콩말로 쏼라 쏼라! 뭔 소린지 몰라 I'm sorry.라고 말한 후 다른 젊은 친구에게 도움을 요청한 적이 있었습니다. 아무리 영어를 유창하게 구사한다고 해도 상대방이 알아듣지 못하거나 기초적인 단어만 알아듣는다면 아주 쉬운 문장이나 어휘로 생각을 전달해야 한다는 것을 절실히 느꼈습니다.

UNIT 05
호텔에서

●●● 장거리 비행의 피곤함을 뒤로한 채 드디어 호텔에 도착하면 짐을 챙겨 호텔 안내 데스크(information desk 인풔ㄹ메이션 데쓰ㅋ)에 가서 예약한 방을 체크인(check in 체킨)해야 합니다.

간단하게 Hello(헬로우)처럼 인사를 건넨 뒤 다음처럼 호텔 직원에게 말하면 되죠.

Hello! Check in, please. 헬로우! 체킨 플리-ㅈ
(안녕하세요. 체크인 부탁합니다.)

I'm here to check in, please. 암 히어ㄹ 투 체킨 플리-ㅈ
(체크인 하러 왔습니다.)

I would like to check in, please. 아이 우쭐라잌 투 체킨 플리-ㅈ
(체크인 하고 싶습니다.)

I made a reservation under the name of + 사람이름.
아이 메이더 (우)레저ㄹ베이션 언더ㄹ 더 네이머ㅂ ~
(~ 이름으로 예약했습니다.)

학습할 패턴들을 미리 체크해 봅니다!

● 도와 드릴까요, 손님?

_____ help you, sir?

● 체크인 하고 싶어요.

_____ check in.

● 여권 좀 주시겠습니까?

_____ passport?

● 이름을 여쭤 봐도 될까요?

_____ ask you for your name?

● 언제 체크아웃 해야 하나요?

_____ check out?

● 오전 11시까지는 체크아웃 해야 해요.

_____ check out by 11 a.m.

● 저희가 여행 가방을 옮겨 드릴까요?

_____ carry your suitcase?

정답 May I / I want to / Would you please give me your / Do you mind if I / When should I / You should / Would you like us to

MINI QUIZ

STEP 1 단어의 뜻을 알맞게 짝지어 보세요.

check in 체킨 ( )	A 퇴실하다
check out 체카웃 ( )	B 문지기
concierge 칸씨에어르쥐 ( )	C 안내 데스크
doorman 도-어르맨 ( )	D 방해하지 마세요
floor 홀로어르 ( )	E 방 열쇠
Do Not Disturb 두 낫 디쓰터르브 ( )	F 칫솔
room key (우)루움 키- ( )	G (호텔의) 안내인
exit 엑싵 ( )	H 비상구
toothbrush 투쓰브러쉬 ( )	I 투숙하다
front desk 흐런트 데쓰크 ( )	J 층

> 정답 I / A / G / B / J / D / E / H / F / C

STEP 2 단어의 뜻을 정확하게 적어 보세요.

business card 비즈니쓰 카-르드 _____

suitcase 쑤-웃케이쓰 _____

safety box 쎄잎흐티 박쓰 _____

toothpaste 투쓰페이쓰트 _____

single room 싱글 (우)루움 _____

book a room 북커 (우)루움 _____

> 정답 명함 / 여행용 가방 / 개별 금고 / 치약 / 1인용 객실 / 방을 예약하다

ACTUAL DIALOGUE

샌프란시스코 여행 중인 신규는 어리둥절한 상태로 길을 물어 겨우 미리 예약한 호텔에 도달하게 됩니다. 호텔 도어맨의 도움으로 짐을 내린 신규는 바로 호텔 카운터로 가서 체크인을 하려고 하죠. 하지만 이번이 처음 해외여행이고 어떻게 호텔에서 체크인을 해야 할지 몰라 좀 당황하고 있어요. 이때 친절한 직원의 도움을 받으면서 호텔 투숙 절차를 밟습니다. 호텔 직원과 대화를 나누는 상황이에요.

Pattern 28

A Good evening. **May I** help you, sir?

안녕하세요. 도와 드릴까요, 손님?

Similar Expressions ▶ Can I..., sir? / What can I... with, sir?

Pattern 29

B Yes, please. **I want to** check in.

네, 도와주세요. 체크인 하고 싶어요.

Similar Expressions ▶ I feel like -ing... / I would like to...

Pattern 30

A **Would you please give me your** passport?

여권 좀 주시겠습니까?

Similar Expressions ▶ Could you please give me your...? / Can I get your..., please? / Your..., please.

B Sure, here you are. 물론이죠. 여기요.

Pattern 31

A Thank you. **Do you mind if I** ask you for your name?

고마워요. 이름을 여쭤 봐도 될까요?

Similar Expressions ▶ Would you mind if I...? / Can I...? / May I...?

B No, I don't mind. I'm Sin-gyu Park. I mean, my first name is Sin-gyu and my last name is Park.

네, 괜찮아요. 저는 박신규예요. 제 말은, 이름은 신규이며 성은 박이에요.

A Thank you so much. 정말 고맙습니다.

B Don't mention it. 천만에요.

A Your room number is 301 and here are your room keys and passport.

방 번호는 301이며 여기 방 열쇠와 여권이에요.

Pattern 32

B Thanks. By the way, **when should I** check out?

고마워요. 그건 그렇고, 언제 체크아웃 해야 하나요?

Similar Expressions ▶ When do I have to...? / What time should I...?

Pattern 33

A **You should** check out by 11 a.m.

오전 11시까지는 체크아웃 하셔야 합니다.

Similar Expressions ▶ You have to... / You need to... / You ought to...

B By 11 a.m.? I got it. 오전 11시까지요? 알겠어요.

Pattern 34

A **Would you like us to** carry your suitcase?

저희가 여행 가방 옮겨 드릴까요?

Similar Expressions ▶ Do you want us to...?

B No, thanks. I can handle it on my own.

괜찮아요. 혼자 처리할 수 있어요.

Pattern 35

A If you have any questions to ask, **please feel free to** ask me.

혹시 질문 있으시면, 언제든지 부담 없이 제게 물어보세요.

Similar Expressions ▶ Please do not hesitate to...

B Okay, I will. 알았어요. 그럴게요.

Pattern 28

메이 아이...?
May I...?
~해도 될까요?

호텔에 도착하면 제일 먼저 반갑게 손님을 맞이해 주는 사람이 도어맨이죠. 차에서 짐을 내리고 난 후 호텔 안내 데스크로 가서 체크인을 밟게 되는데요. 직원이 손님에게 '도와 드릴까요?'라고 말하며 용건을 묻게 되죠.

STEP 1 Pattern Practice

도와 드릴까요, 손님?
May I help you, sir? 메이 아이 헬퓨우, 써-ㄹ?

도와 드릴까요, 손님?
May I help you, ma'am? 메이 아이 헬퓨우, 맴?

부탁을 해도 될까요?
May I ask you a favor? 메이 아이 애쓰큐우 어 훼이버ㄹ?

성함을 말씀해 주시겠습니까?
May I have your name? 메이 아이 해뷰어 네임?

전화번호 좀 여쭤 봐도 될까요?
May I ask you for your number? 메이 아이 애쓰큐우 훠ㄹ 유어ㄹ 넘버ㄹ?

STEP 2 Actual Practice

A Good morning. **May I** help you, sir?
굿 모-ㄹ닝. 메이 아이 헬퓨우, 써-ㄹ?

B Good morning. I'm here to check in.
굿 모-ㄹ닝. 암 히어ㄹ 투 체킨.

A 안녕하세요. 도와 드릴까요, 손님?
B 안녕하세요. 체크인 하러 왔어요.

Pattern 29

아이 원 투...
I want to...
~하고 싶어요, ~할래요

호텔에 도착하면 먼저 투숙 절차를 밟아야 하며, 상황에 따라서는 맛집이나 공연장 또는 주변의 괜찮은 관광지 등에 대한 정보를 얻고 싶을 때도 있어요.

STEP 1 Pattern Practice

체크인 하고 싶어요.
I want to check in. 아이 원 투 체킨.

체크아웃 할래요.
I want to check out. 아이 원 투 체카웃.

예약을 확인하고 싶어요.
I want to confirm my reservation.
아이 원 투 컨휘-엄 마이 (우)레저ㄹ베이션.

방 하나 예약할래요.
I want to book a room. 아이 원 투 북커 (우)루움.

트윈 베드가 딸린 객실 하나 예약하고 싶어요.
I want to reserve a room with twin beds.
아이 원 투 (우)리자-ㄹ버 (우)루움 위ㄷ 트윈 벤ㅈ.

STEP 2 Actual Practice

A Good afternoon. How may I help you, sir?
굿 애흐터ㄹ누운. 하우 메이 아이 헬퓨우, 써-ㄹ?

B Good afternoon. **I want to** confirm my reservation.
굿 애흐터ㄹ누운. 아이 원 투 컨휘-엄 마이 (우)레저ㄹ베이션.

A 안녕하세요. 어떻게 도와 드릴까요, 손님?
B 안녕하세요. 예약을 확인하고 싶어요.

Pattern 30

우쥬우 플리-ㅈ 기브 미 유어ㄹ...?
Would you please give me your...?

~ 좀 주시겠습니까?

호텔 프런트 데스크에서 체크인 할 때, 대부분 호텔 직원이 손님에게 여권을 달라고 하죠. 호텔 예약 명단에 같은 이름을 가진 사람이 있는지 확인하기 위해서죠.

STEP 1 Pattern Practice

여권 좀 주시겠습니까?
Would you please give me your passport?
우쥬우 플리-ㅈ 기브 미 유어ㄹ 패쓰포-ㄹ트?

신용카드 좀 주시겠어요?
Would you please give me your credit card?
우쥬우 플리-ㅈ 기브 미 유어ㄹ 크레딧 카-ㄹ드?

방 열쇠 좀 주시겠습니까?
Would you please give me your room key?
우쥬우 플리-ㅈ 기브 미 유어ㄹ (우)루움 카-?

호텔 숙박권 좀 주시겠어요?
Would you please give me your hotel voucher?
우쥬우 플리-ㅈ 기브 미 유어ㄹ 호우텔 바우춰ㄹ?

STEP 2 Actual Practice

A **Would you please give me your** passport?
우쥬우 플리-ㅈ 기브 미 유어ㄹ 패쓰포-ㄹ트?

B Yes. Here is my passport.
예쓰. 히어리ㅈ 마이 패쓰포-ㄹ트.

A 여권 좀 주시겠습니까?
B 네. 여기 여권 있어요.

Pattern 31

두 유우 마인디화이...?
Do you mind if I...?
~해도 될까요?

호텔에 온 손님에게 필요하다면 이름이나 전화번호 등과 같이 개인 신상과 관련된 내용들을 물어볼 수가 있어요. 반대로 호텔 손님이 직원에게 뭔가 양해를 구할 때도 있죠. 이 때 yes나 no의 원래 의미가 바뀌게 됩니다.

STEP 1 Pattern Practice

이름을 여쭤 봐도 될까요?
Do you mind if I ask you for your name?
두 유우 마인디화이 애쓰큐우 훠ㄹ 유어ㄹ 네임?

뭐 좀 여쭤 봐도 될까요?
Do you mind if I ask you something?
두 유우 마인디화이 애쓰큐우 썸띵?

지금 체크인 해도 되나요?
Do you mind if I check in now? 두 유우 마인디화이 체킨 나우?

여기에 가방을 맡겨도 될까요?
Do you mind if I leave my bag here?
두 유우 마인디화이 (을)리-ㅂ 마이 백ㄱ 히어ㄹ?

여기 주차해도 돼요?
Do you mind if I park here? 두 유우 마인디화이 파-ㄹ크 히어ㄹ?

STEP 2 Actual Practice

A **Do you mind if I** ask you something?
두 유우 마인디화이 애쓰큐우 썸띵?

B Of course not, go ahead. 어ㅂ 코-ㄹ쓰 낫, 고우 어헤ㄷ.

A   뭐 좀 여쭤 봐도 될까요?
B   물론이죠, 물어보세요.

Pattern 32

웬 슈다이...?
When should I...?
언제 ~해야 하나요?

호텔에 머물고 있는 동안 궁금한 점이 한두 가지가 아니에요. 그중에서도 언제 호텔에서 퇴실해야 할지 제일 궁금하게 되죠. check out을 넣어 말을 만들면 돼요.

STEP 1 Pattern Practice

언제 체크아웃 해야 하나요?
When should I check out? 웬 슈다이 체카웃?

언제 체크인 해야 하죠?
When should I check in? 웬 슈다이 체킨?

언제 떠나야 해요?
When should I leave? 웬 슈다이 (을)라-ㅂ?

셔틀버스는 언제 타야 하죠?
When should I take the shuttle bus? 웬 슈다이 테잇 더 셔틀 버쓰?

언제 아침을 먹어야 해요?
When should I have breakfast? 웬 슈다이 해ㅂ 브랙휘쓰ㅌ?

STEP 2 Actual Practice

A Excuse me, **when should I** check out?
익쓰큐-ㅈ 미, 웬 슈다이 체카웃?

B By 11 a.m. at the latest. 바이 일레븐 에이엠 앳 더 (을)레이리쓰ㅌ.

A 실례지만, 언제 체크아웃 해야 하나요?
B 늦어도 오전 11시까지는요.

Pattern 33

유우 슈ㄷ
You should... ~해야 해요

상대방에게 강한 충고조의 권유를 하고 싶을 때 조동사 should를 사용해요. 상황에 따라서는 호텔 직원이 호텔 손님에게 당부조의 어투로 뭔가를 부탁할 수도 있어요.

STEP 1 Pattern Practice

오전 11시까지는 체크아웃 해야 해요.
You should check out by 11 a.m. 유우 슈ㄷ 체카웃 바이 일레븐 에이엠.

신용카드로 계산해야 합니다.
You should pay by credit card. 유우 슈ㄷ 페이 바이 크레딧 카-ㄹ드.

전화로 깨워 줘야 해요.
You should give me a wake-up call.
유우 슈ㄷ 기ㅂ 미 어 웨이-컵 커-얼.

저에게 여권을 보여 주셔야 해요.
You should show me your passport.
유우 슈ㄷ 쇼우 미 유어ㄹ 패쓰포-ㄹ트.

이 양식을 작성해야 합니다.
You should fill out this form. 유우 슈ㄷ 휠라웃 디ㅆ 훠-ㄹ음.

STEP 2 Actual Practice

A **You should** check out by 11 a.m.
유우 슈ㄷ 체카웃 바이 일레븐 에이엠.

B Oh, really? I didn't know that.
오우, (우)리-얼리. 아이 디든ㅌ 노우 댓.

A 오전 11시까지는 체크아웃 해야 해요.
B 오, 정말이요? 몰랐네요.

Pattern 34

우쥬우 (을)라이커쓰 투...?
Would you like us to...?

저희가 ~해 드릴까요?

호텔 손님에게 호텔 직원이 뭔가 해주길 바라고 있는지 묻고 싶을 때가 있어요. to 다음에는 동사원형이 나오죠. 가지고 온 여행 가방이나 짐을 옮길 때, 체크인이나 체크아웃할 때 도움이 필요한지 물어볼 수가 있잖아요.

STEP 1 Pattern Practice

저희가 여행 가방을 옮겨 드릴까요?

Would you like us to carry your suitcase?

우쥬우 (을)라이커쓰 투 캐리 유어ㄹ 쑤-웃케이ㅆ?

저희가 도와 드릴까요?

Would you like us to help you? 우쥬우 (을)라이커쓰 투 헬프유우?

저희가 가방을 보관해 드릴까요?

Would you like us to keep your bag?

우쥬우 (을)라이커쓰 투 카-퓨어ㄹ 백ㄱ?

저희가 모닝콜을 해 드릴까요?

Would you like us to give you a wake-up call?

우쥬우 (을)라이커쓰 투 기뷰우 어 웨이-컵 카-알?

STEP 2 Actual Practice

A Excuse me, sir. **Would you like us to** carry your suitcase? 익쓰큐-ㅈ 미, 써-ㄹ. 우쥬우 (을)라이커쓰 투 캐리 유어ㄹ 쑤-웃케이ㅆ?

B No, thank you. I think I can carry it by myself.
노우, 땡큐우. 아이 띵ㅋ 아이 캔 캐리 잇 바이 마이쎌ㅎ.

A 실례지만, 손님. 저희가 여행 가방을 옮겨 드릴까요?
B 아니요, 괜찮아요. 혼자 옮길 수 있을 것 같아요.

Pattern 35

플리-ㅈ 휘-일 흐리 투...
Please feel free to...

언제든지 부담 없이 ~하세요

호텔에 머무르는 동안 궁금한 사항들이 있다면 즉각적으로 호텔 직원에게 도움을 요청하는 것이 당연한데요. 이럴 때 호텔 직원이 호텔을 찾아온 손님들에게 궁금한 사항이나 도움이 필요하면 언제든지 말하라고 먼저 말을 꺼내게 되면 호텔 직원에 대한 신뢰감을 갖게 마련이죠.

STEP 1 Pattern Practice

언제든지 부담 없이 제게 물어보세요.
Please feel free to ask me. 플리-ㅈ 휘-일 흐리 투 애쓰ㅋ 미.

언제든지 부담 없이 저에게 전화하세요.
Please feel free to call me. 플리-ㅈ 휘-일 흐리 투 커-얼 미.

편하게 저희들을 다시 방문해 주세요.
Please feel free to visit us again. 플리-ㅈ 휘-일 흐리 투 비지러쓰게인.

언제든지 저희에게 연락 주세요.
Please feel free to contact us anytime.
플리-ㅈ 휘-일 흐리 투 칸택터ㅆ 애니타임.

편하게 둘러보세요.
Please feel free to look around. 플리-ㅈ 휘-일 흐리 투 룩커라운ㄷ.

STEP 2 Actual Practice

A   Please feel free to contact us anytime.
플리-ㅈ 휘-일 흐리 투 칸택터ㅆ 애니타임.

B   Thank you so much. 땡큐우 쏘우 머취.

A   언제든지 저희에게 연락 주세요.
B   정말 고마워요.

SIMILAR EXPRESSIONS

EXPRESSION 14

I don't mind. 아이 도운트 마인드. 상관없어요.

상대방의 언행에 대해서 본인 스스로는 전혀 개의치 않는다는 느낌을 전달하고자 할 때 사용하는 말이에요. 동사 mind는 '꺼리다', '주저하다'라는 뜻이죠.

I don't care. 아이 도운트 케어르. 상관없어요.
I wouldn't mind. 아이 우든트 마인드. 난 상관없어요.
It doesn't matter. 잇 더즌트 매러르. 상관없어요.

EXPRESSION 15

I got it. 아이 가릿. 알았어요.

동사 get은 '구입하다', '얻다'라는 뜻이지만 구어체에서는 '이해하다'라는 뜻으로도 사용돼요. 여기서 대명사 it은 말의 요점을 의미하죠. 즉, I got it.은 '(상대방) 말의 요점을 이해했다.'이므로 결국 '알았다.'라는 뜻이 되는 거예요.

Got it. 가릿. 알았어.
I got the picture. 아이 갓 더 픽춰르. 이해됐어요.
I understand what you said. 무슨 말인지 알겠어요.
아이 언더르쓰땐드 웟 유우 쎄드.

EXPRESSION 16

I can handle it on my own.

아이 캔 핸들릿 언 마이 오운.　　　　　　　　　　　혼자 처리할 수 있어요.

타동사 handle은 '처리하다', '다루다'라는 뜻인데요. 여기에 '혼자서'라는 on one's own이 덧붙여진 거예요. 그래서 I can handle it on my own.이라고 하면 '혼자 처리할 수 있어요.'의 의미가 되죠.

I can handle it by myself.　　　　　혼자서 처리할 수 있어요.
아이 캔 핸들릿 바이 마이쎌ㅎ.

I can take care of it by myself.　　　혼자 처리할 수 있어요.
아이 캔 테잇 케어러빗 바이 마이쎌ㅎ.

I can take care of it on my own.　　혼자서 처리할 수 있어요.
아이 캔 테잇 케어러빗 언 마이 오운.

ADDITIONAL EXPRESSIONS

Is there room service?
이ㅈ 데어ㄹ (우)루움 써-ㄹ비ㅆ?
룸서비스 있어요?

Can I get a city map?
캐나이 게러 씨리 맵ㅍ?
시내 지도 좀 얻을 수 있을까요?

Do you have a reservation?
두 유우 해버 (우)레저ㄹ베이션?
예약하셨나요?

I made a reservation under the name of Sam.
아이 메이더 (우)레저ㄹ베이션 언더ㄹ 더 네이머ㅂ 쌤
샘 이름으로 예약했어요.

Do you want breakfast?
두 유우 원ㅌ 브랙훠쓰ㅌ?
조식 포함해 드릴까요?

I'd like to check out, please.
아읻 (을)라익 투 체카웃, 플리-ㅈ.
체크아웃 부탁해요.

How would you like to pay?
하우 우쥬우 (을)라익 투 페이?
어떻게 지불하시겠어요?

Could you please call me a taxi?
쿠쥬우 플리-ㅈ 카-얼 미 어 택씨?
택시 좀 불러 주시겠어요?

I'd like a room with an ocean view.
아읻 (을)라이커 (우)루움 위던 오우션 뷰-.
바다가 보이는 방으로 부탁해요.

What time do you serve breakfast?
윗 타임 두 유우 써-ㄹ브 브랙훠쓰ㅌ?
아침은 몇 시부터 제공해요?

Do you have a swimming pool in this hotel?
두 유우 해버 쓰위밍 푸-울 인 디ㅆ 호우텔?
이 호텔 안에 수영장이 있나요?

Could you help me with my bag?
쿠쥬우 헬ㅍ 미 위(ㅆ) 마이 백ㄱ?
이 가방 옮기는 것 좀 도와주시겠어요?

Here is your room key.
히어리ㅈ 유어ㄹ (우)루움 키-.

방 열쇠 여기요.

What time does breakfast finish?
왓 타임 더ㅈ 브랙풔쓰트 휘니쉬?

아침식사는 몇 시까지 하죠?

The toilet won't flush.
더 토일릿 우오은트 흘러쉬.

변기 물이 안 내려가요.

Can I get an extra pillow, please?
캐나이 게런 엑ㅆ츄라 필로우, 플리-ㅈ?

베개 하나 더 얻을 수 있을까요?

Fill out this form, please.
휠라웃 디ㅆ 훠-ㄹ음, 플리-ㅈ.

이 양식을 기재해 주십시오.

I'd like a single, please.
아읻 (을)라이커 씽글, 플리-ㅈ.

싱글로 할게요.

I have a reservation.
아이 해버 (우)레저ㄹ베이션.

예약되어 있는데요.

Excuse me, do you have any vacancies?
익쓰큐-ㅈ 미, 두 유우 해배니 베이큰씨ㅆ?

실례지만, 빈방 있나요?

Where can I catch the shuttle bus?
웨어ㄹ 캐나이 캐취 더 셔틀 버ㅆ?

셔틀버스는 어디서 탈 수 있죠?

What's the room rate?
왓ㅆ 더 (우)루움 (우)레잇트?

객실 요금은 얼마죠?

Is breakfast served?
이ㅈ 브랙풔쓰트 써-ㄹ브드?

아침 식사는 제공되나요?

How can I get Internet access?
하우 캐나이 겟 인터ㄹ넷 액쎄ㅆ?

인터넷 연결은 어떻게 할 수 있나요?

REVIEW 다음 괄호 안의 단어들을 올바른 순서대로 배열해 보세요.

1 (have, I, may, name, your)
_____?

2 (carry, would, your, us, you, suitcase, like, to)
_____?

3 (if, here, leave, I, do, mind, my, you, bag)
_____?

4 (please, call, feel, me, to, free)
_____.

5 (book, I, to, want, a, room)
_____.

6 (something, I, do, you, you, ask, if, mind)
_____?

7 (passport, me, please, would, your, give, you)
_____?

8 (credit, pay, you, by, should, card)
_____.

9 (when, out, should, check, I)
_____?

UNIT 06
대중교통

●●● 여행을 하다 보면 대중교통을 자주 이용하게 되는데요. 특히 전철이나 택시 이용이 편하죠.

택시를 이용할 경우 운전자에게

Take me to this place, please. 테잇 미 투 디ㅆ 플레이ㅆ, 플리-ㅈ.
(이 장소로 데려다주세요.)

To this place, please. 투 디ㅆ 플레이ㅆ, 플리-즈
(이 장소로 가 주세요.)

상황에 따라서는 렌터카를 활용해 여행의 즐거움을 느낄 수가 있어요.

혹시 버스를 타고 자신의 목적지로 가려고 할 때, 맞는 버스인지를 꼭 확인해 볼 필요가 있어요.

Excuse me, is this the right bus to go downtown?
익쓰큐-ㅈ 미, 이ㅈ 디ㅆ 더 (우)롸잇 버ㅆ 투 고우 다운타운?
(실례지만, 이 버스 시내에 가는 게 맞나요?)

학습할 패턴들을 미리 체크해 봅니다!

● 잠깐만 도와주시겠어요?

_____ help me for a minute?

● 뭘 도와 드릴까요?

_____ help you with?

● 이 근처에 택시 정류장이 있어요?

_____ taxi stand _____ ?

● 여기 처음 오셨나요?

_____ here?

● 이곳 샌프란시스코 여행이 처음이에요.

_____ San Francisco.

● 좋은 시간 보내세요.

_____ wonderful time.

● 이 주소로 데려다주세요.

_____ this address, _____ .

● 제가 짐 들어 드릴게요.

_____ take care of your luggage.

정답 Could you / What can I / Is there a, around here / Is this your first time / This is my first trip here in / Have a / Take me to, please / Let me

100 ● 초치기 여행영어

MINI QUIZ

STEP 1 단어의 뜻을 알맞게 짝지어 보세요.

public transportation ( ) 퍼블릭 츄랜ㅆ퍼-ㄹ테이션		A 전철역
bus stop 버쓰탑 ( )		B 팁
taxi stand 택씨 쓰땐ㄷ ( )		C 데리고 가다, (시간이) 걸리다
address 애쥬레ㅆ ( )		D 내리다
subway station 써ㅂ웨이 쓰떼이션 ( )		E 버스 정류장
taxi fare 택씨 훼어ㄹ ( )		F 주소
tip 팁 ( )		G 버스 운전사
take 테잇 ( )		H 대중교통
bus driver 버ㅆ 쥬라이버ㄹ ( )		I 택시 승차장
get off 게럲ㅎ ( )		J 택시 요금

> **정답** H / E / I / F / A / J / B / C / G / D

STEP 2 단어의 뜻을 정확하게 적어 보세요.

bus fare 버ㅆ 훼어ㄹ

get on 게런

take care of 테잇 케어러ㅂ

luggage (을)러기쥐

taxi driver 택씨 쥬라이버ㄹ

> **정답** 버스 요금 / 타다 / 처리하다, 돌보다, 계산하다 / 짐, 수화물 / 택시 운전사

ACTUAL DIALOGUE

겨우 호텔에서 체크인 한 신규는 다음 여행 일정대로 길을 떠나요. 하지만 샌프란시스코 방문이 처음이라 어디가 어딘지 몰라 길에서 헤매다가 대중교통을 이용하려고 해요. 비용 절감을 위해 전철이나 버스를 타려고 하지만 길치인지라 편하게 택시를 타려고 합니다. 길을 걷다가 행인에게 택시 승차장이 어디에 있는지 물어보고 나서 택시 승차장에서 택시 운전사와 대화를 나누는 상황이에요.

Part A

Pattern 36

A Excuse me. **Could you** help me for a minute?

실례합니다. 잠시만 도와주시겠어요?

Similar Expressions ▶ Can you... for a second? / Would you please... for a minute?

Pattern 37

B Sure, no problem. **What can I** help you with?

물론이죠. 뭘 도와 드릴까요?

Similar Expressions ▶ How may I...? / Is there anything I can...?

Pattern 38

A **Is there a** taxi stand **around here?**

이 근처에 택시 정류장이 있어요?

Similar Expressions ▶ Do you have a... around here?

B Yes, there is one around the corner. 네, 모퉁이에 있어요.

A Thank you. 고마워요.

Pattern 39

B You're welcome. **Is this your first time** here?

천만에요. 여기 처음 오셨나요?

Similar Expressions ▶ Is this your first visit...?

Pattern 40

A Yes, **this is my first trip here in** San Francisco.

네, 이곳 샌프란시스코 여행이 처음이에요.

Similar Expressions ▶ This is my first visit here in...

B Really? Anyway, **have a** wonderful time.
정말이에요? 아무튼, 좋은 시간 보내세요.
Similar Expressions ▶ I wish you have a...

Part B

A Hello. 안녕하세요.

B Hello. Where to, sir? 안녕하세요. 어디로 모실까요, 손님?

A **Take me to** this address, **please**. 이 주소로 데려다주세요.
Similar Expressions ▶ Please take me to...

B Sure. **Let me** take care of your luggage.
물론이죠. 제가 짐을 들어 드릴게요.
Similar Expressions ▶ Allow me to...

A No, that's okay. Thank you. **How long does it take to** get there?
아니요, 괜찮아요. 고맙습니다. 그곳에 도착하는 데 얼마나 걸리죠?
Similar Expressions ▶ How long will it take to...?

B **It will take about** 40 minutes from here.
이곳에서 약 40분 정도 걸립니다.
Similar Expressions ▶ It takes about...

A **How much** will the fare be? 요금은 얼마나 될까요?
Similar Expressions ▶ Do you know how much...?

B About 20 dollars. 20달러 정도예요.

A Okay. 알았어요.

Pattern **36**

쿠쥬우...?
Could you...? ~해 주시겠어요?

해외여행에서 대중교통을 이용하면 경제적으로 많은 도움이 되죠. 하지만 초행길일 경우에는 주변 지리에 익숙하지 않기에 지나가는 행인의 도움을 받아야 해요.

STEP 1 Pattern Practice

잠깐만 도와주시겠어요?
Could you help me for a minute? 쿠쥬우 헬ㅍ 미 훠러 미닛?

버스 정류장 찾는 것 좀 도와주실래요?
Could you help me find the bus stop? 쿠쥬우 헬ㅍ 미 화인더 버쓰탑?

안내 좀 해 주시겠어요?
Could you show me around? 쿠쥬우 쇼우 미 아라운드?

길 좀 가르쳐 주시겠어요?
Could you show me the way? 쿠쥬우 쇼우 미 더 웨이?

그곳으로 데려다주시겠어요?
Could you take me there? 쿠쥬우 테잇 미 데어ㄹ?

STEP 2 Actual Practice

A **Could you** help me find the bus stop?
쿠쥬우 헬ㅍ 미 화인더 버쓰탑?

B Of course. Actually, I'm on my way there, too.
어브 코-르쓰. 액츄얼리, 아먼 마이 웨이 데어ㄹ, 투-.

A 버스 정류장 찾는 것 좀 도와주실래요?
B 물론이죠. 실은, 저도 그곳에 가는 길이에요.

Pattern 37

윗 캐나이...?
What can I...? 뭘 ~해 드릴까요?, 어떻게 ~할까요?

여행을 하다 보면 어쩔 수 없이 남의 도움을 받아야 하거나 남에게 도움을 줘야 할 상황이 생기게 마련이에요. 남에게 도움을 줘야 할 경우 이 패턴으로 말을 건넬 수 있죠.

STEP 1 Pattern Practice

도와 드리려면 어떻게 해야 할까요?
What can I do to help? 윗 캐나이 두 투 헬ㅍ?

그걸 찾으려면 어떻게 해야 하죠?
What can I do to find it? 윗 캐나이 두 투 화인딧?

그곳에 도착하려면 어떻게 해야 할까요?
What can I do to get there? 윗 캐나이 두 투 겟 데어ㄹ?

무엇을 도와 드릴까요?
What can I do for you? 윗 캐나이 두 훠ㄹ 유우?

뭘 도와 드릴까요?
What can I help you with? 윗 캐나이 헬퓨우 위드?

STEP 2 Actual Practice

A What can I do for you? 윗 캐나이 두 훠ㄹ 유우?

B I'm looking for the nearest subway station.
암 (을)룩킹 훠ㄹ 더 니어리쓰ㅌ 써브웨이 쓰떼이션

A 뭘 도와 드릴까요?
B 가장 가까운 지하철역을 찾고 있어요.

Pattern 38

이즈 데어러... 어라운디어ㄹ?
Is there a... around here?

이 근처에 ~이 있어요?

찾고자 하는 장소가 주위에 혹시 있는지 알고 싶을 때 사용하는 패턴이에요. 장소만 살짝 바꾸어서 말을 만들면 되죠. 해외여행에서 자주 사용하는 말 중의 하나예요.

STEP 1 Pattern Practice

이 근처에 택시 정류장이 있어요?
Is there a taxi stand **around here?**
이즈 데어러 택씨 쓰탠ㄷ 어라운디어ㄹ?

이 근처에 기차역이 있나요?
Is there a train station **around here?**
이즈 데어러 츄레인 쓰떼이션 어라운디어ㄹ?

이 근처에 버스 정류장이 있어요?
Is there a bus stop **around here?** 이즈 데어러 버쓰탑 어라운디어ㄹ?

이 근처에 지하철역이 있어요?
Is there a subway station **around here?**
이즈 데어러 써브웨이 쓰떼이션 어라운디어ㄹ?

STEP 2 Actual Practice

A **Is there a** taxi stand **around here?**
 이즈 데어러 택씨 쓰탠ㄷ 어라운디어ㄹ?

B Yes, there is one behind this building.
 예쓰, 데어리즈 원 비하인ㄷ 디쓰 빌딩.

A 이 근처에 택시 정류장이 있어요?
B 네, 이 건물 뒤에 있어요.

Pattern 39

이즈 디쓰 유어ㄹ 훠-ㄹ쓰 타임...?
Is this your first time...?

~에는 처음 오셨나요?

처음 해외여행을 떠나게 되면 왠지 설레면서도 조금은 긴장하게 되는데요. 낯선 환경, 음식 그리고 언어 때문이죠. 혹시 여행 도중 다른 여행객들과 얘기를 나눌 경우가 생기면 이 패턴으로 대화를 시작해 볼 수 있어요.

STEP 1 Pattern Practice

여기 처음 오셨나요?
Is this your first time here? 이즈 디쓰 유어ㄹ 훠-ㄹ쓰 타임 히어ㄹ?

이곳 샌프란시스코에는 처음 오셨어요?
Is this your first time here in San Francisco?
이즈 디쓰 유어ㄹ 훠-ㄹ쓰 타임 히어린 샌 흐랜씨쓰코우?

이곳 일본에는 처음 오셨나요?
Is this your first time here in Japan?
이즈 디쓰 유어ㄹ 훠-ㄹ쓰 타임 히어린 줘팬?

이 지역에는 처음인가요?
Is this your first time in this area?
이즈 디쓰 유어ㄹ 훠-ㄹ쓰 타임 인 디쎄어리어?

STEP 2 Actual Practice

A **Is this your first time** here in San Francisco?
이즈 디쓰 유어ㄹ 훠-ㄹ쓰 타임 히어린 샌 흐랜씨쓰코우?

B No, it isn't. It's my second visit here.
노우, 이리즌ㅌ. 잇ㅆ 마이 쎄컨드 비짓 히어ㄹ.

A 이곳 샌프란시스코에는 처음 오셨어요?
B 아니요. 이곳에 두 번째 방문하는 거예요.

Pattern 40

디씨즈 마이 훠-ㄹ쓰 츄립 히어린...
This is my first trip here in...

이곳 ~ 여행이 처음이에요

여행하는 곳이 처음이라면 좀 떨리게 되는데요. 이럴 때 당당하게 이 패턴을 사용해서 자신의 방문이 처음이라고 말하면 돼요. 전치사 in 다음에 장소만 살짝 바꿔볼 수 있어요.

STEP 1 Pattern Practice

이곳 샌프란시스코 여행이 처음이에요.
This is my first trip here in San Francisco.
디씨즈 마이 훠-ㄹ쓰 츄립 히어린 샌 흐랜씨쓰코우.

이곳 시카고 여행이 처음이에요.
This is my first trip here in Chicago.
디씨즈 마이 훠-ㄹ쓰 츄립 히어린 쉬카-고우.

이곳 샌디에이고 여행이 처음이에요.
This is my first trip here in San Diego.
디씨즈 마이 훠-ㄹ쓰 츄립 히어린 쌘 디에이고우.

이곳 싱가포르 여행이 처음입니다.
This is my first trip here in Singapore.
디씨즈 마이 훠-ㄹ쓰 츄립 히어린 싱커모-ㄹ.

STEP 2 Actual Practice

A Welcome to San Francisco.
웰컴 투 샌 흐랜씨쓰코우.

B Thanks. Actually, **this is my first trip here in** San Francisco.
땡ㅆ. 액츄얼리, 디씨즈 마이 훠-ㄹ쓰 츄립 히어린 샌 흐랜씨쓰코우.

A 샌프란시스코에 오신 걸 환영합니다.
B 고마워요. 실은, 이곳 샌프란시스코 여행이 처음이에요.

UNIT 06

Pattern **41**

해버...
Have a...
~ 보내세요

작별 인사를 나눌 때 사용해요. 여행 도중에 누군가와 작별하게 될 때 어떠한 날이 되라고 말할 수 있잖아요.

STEP 1 Pattern Practice

좋은 하루 되세요.
Have a good one. 해버 굿 원.

좋은 시간 보내세요.
Have a wonderful time. 해버 원더ㄹ헐 타임.

여행 잘해요.
Have a great trip. 해버 그레잇 츄립.

잘 자요.
Have a good sleep. 해버 굿 쓸-립ㅍ.

멋진 주말 보내세요.
Have a wonderful weekend. 해버 원더ㄹ헐 위-익켄드.

STEP 2 Actual Practice

A **Have a** wonderful time. 해버 원더ㄹ헐 타임.

B Thanks. You too. 땡ㅆ. 유우 투-.

A 좋은 시간 보내세요.
B 고마워요. 당신도요.

Pattern 42

테잇 미 투…, 플리-ㅈ.
Take me to..., please.

~로 데려다 주세요, ~로 가 주세요

해외여행 도중에 어쩔 수 없이 택시 타고 목적지에 가야 하는 경우가 종종 생기게 되는데요. 시간은 얼마나 걸리는지, 택시 요금은 어느 정도 나올지 정말 궁금하게 됩니다. 택시 운전사에게 자신의 목적지까지 데려다 달라고 부탁할 때 사용해요.

STEP 1 Pattern Practice

이 호텔로 가 주세요.
Take me to this hotel, **please**. 테잇 미 투 디ㅆ 호우텔, 플리-ㅈ.

이 주소로 데려다주세요.
Take me to this address, **please**. 테잇 미 투 디쌔쥬레ㅆ, 플리-ㅈ.

공항으로 데려다주십시오.
Take me to the airport, **please**. 테잇 미 투 디 에어ㄹ포-ㄹ트, 플리-ㅈ.

이 장소로 데려다주세요.
Take me to this place, **please**. 테잇 미 투 디ㅆ 플레이ㅆ, 플리-ㅈ.

시내로 가 주세요.
Take me to the downtown area, **please**.
테잇 미 투 더 다운타운 에어리어, 플리-ㅈ.

STEP 2 Actual Practice

A　Where to, sir? 웨어ㄹ 투, 써-ㄹ?

B　**Take me to** this place, **please**.
　　테잇 미 투 디ㅆ 플레이ㅆ, 플리-ㅈ.

A　어디로 모실까요, 손님?
B　이 장소로 데려다주세요.

Pattern 43

(을)렛 미...
Let me...
제가 ~할게요

본인 스스로 뭔가를 할 수 있도록 허락해 달라고 말할 때 사용하는 패턴이에요. 동사원형이 바로 뒤에 나와야 하죠. 여행을 하다 보면 상대방의 짐을 들어 주거나 때로는 자신의 차로 어딘가로 데려다주고 싶을 때가 있어요.

STEP 1 Pattern Practice

제가 짐을 들어 드릴게요.
Let me take care of your luggage.
(을)렛 미 테잇 케어러브 유어ㄹ (을)러기쥐.

제가 차로 거기 모셔다 드리죠.
Let me drive you there. (을)렛 미 쥬라이뷰우 데어ㄹ.

제가 태워다 줄게요.
Let me give you a lift. (을)렛 미 기뷰우 어 (을)리흐ㅌ.

제가 택시 불러 드리죠.
Let me call you a taxi. (을)렛 미 카-얼 유우 어 택씨.

제가 구경시켜 드릴게요.
Let me show you around. (을)렛 미 쇼우 유우 어라운ㄷ.

STEP 2 Actual Practice

A **Let me** take care of your luggage.
(을)렛 미 테잇 케어러브 유어ㄹ (을)러기쥐.

B Thank you. That's very kind of you.
땡큐우. 댓ㅆ 베리 카인더뷰우.

A 제가 짐을 들어 드릴게요.
B 고마워요. 정말 친절하시군요.

Pattern 44

How long does it take to...?
하울러-엉 더짓 테잇 투...?

~하는 데 얼마나 걸리죠?

대중교통으로 택시를 타야 할 경우, 목적지까지 걸리는 시간이 어느 정도 되는지 궁금하게 되죠. 택시 운전사에게 물어볼 수 있어요.

STEP 1 Pattern Practice

그곳에 도착하는 데 얼마나 걸리죠?
How long does it take to get there?
하울러-엉 더짓 테잇 투 겟 데어ㄹ?

이 호텔에 도착하는 데 얼마나 걸려요?
How long does it take to get to this hotel?
하울러-엉 더짓 테잇 투 겟 투 디ㅆ 호우텔?

샌프란시스코까지 가는 데 얼마나 걸리나요?
How long does it take to go to San Francisco?
하울러-엉 더짓 테잇 투 고우 투 샌 흐랜씨쓰코우?

공항까지 얼마나 걸리나요?
How long does it take to the airport?
하울러-엉 더짓 테잇 투 디 에어ㄹ포-ㄹ트?

STEP 2 Actual Practice

A Excuse me, **how long does it take to** the airport?
익쓰큐-ㅈ 미, 하울러-엉 더짓 테잇 투 디 에어ㄹ포-ㄹ트?

B Well, it takes about 20 minutes from here.
웰, 잇 테잇쓰바웃 투워니 미닛ㅆ 흐럼 히어ㄹ.

A 죄송한데요, 공항까지 얼마나 걸리나요?
B 글쎄요, 이곳에서 20분 정도 걸려요.

Pattern 45

잇 윌 테이커바웃...
It will take about...
약 ~ 정도 걸립니다

택시를 타고 가고자 하는 장소를 찾아갈 경우, 도착하는 데에 걸리는 시간을 대략적으로 손님에게 얘기해야 할 때가 있어요. 부사인 about을 넣어 표현하죠.

STEP 1 Pattern Practice

30분 정도 걸립니다.
It will take about 30 minutes. 잇 윌 테이커바웃 떠-르리 미닛ㅆ.

이곳에서 약 40분 정도 걸립니다.
It will take about 40 minutes from here.
잇 윌 테이커바웃 호-르리 미닛ㅆ 흐럼 히어ㄹ.

약 한 시간 정도 걸립니다.
It will take about 1 hour. 잇 윌 테이커바웃 원 아우어ㄹ.

약 이틀 정도 걸려요.
It will take about 2 days. 잇 윌 테이커바웃 투 데이ㅈ.

약 한 시간 반 정도 걸려요.
It will take about an hour and a half.
잇 윌 테이커바웃 어나우어ㄹ 애너 해ㅎ.

STEP 2 Actual Practice

A Do you know how long it will take to get to this place? 두 유우 노우 하울러-엉 잇 윌 테잇 투 겟 투 디ㅆ 플레이ㅆ?

B I think **it will take about** 30 minutes if you take a taxi. 아이 띵ㅋ 잇 윌 테이커바웃 떠-르리 미닛ㅆ 이휴우 테이커 택씨.

A 이곳까지 도착하는 데 얼마나 걸리는지 아시나요?
B 택시를 탄다면 30분 정도 걸릴 것 같아요.

Pattern 46

> 하우 머취...?
> # How much...?
> 얼마나...?

택시를 이용할 경우 요금이 어느 정도 나올지는 짐작하기가 좀 힘들죠. 가까운 거리라면 문제가 되지 않는데 목적지까지 가는 거리가 너무 멀 때는 요금이 좀 걱정스럽기도 해요. 택시 운전사에게 택시 요금이 얼마 정도 나올지 미리 물어보는 것이 좋아요.

STEP 1 Pattern Practice

요금은 얼마나 될까요?
How much will the fare be? 하우 머취 윌 더 훼어ㄹ 비-?

버스 요금이 얼마죠?
How much is the bus fare? 하우 머취ㅈ 더 버ㅆ 훼어ㄹ?

택시 요금은 얼마예요?
How much is the taxi fare? 하우 머취ㅈ 더 택씨 훼어ㄹ?

택시 기본요금은 얼마죠?
How much is the basic taxi fare? 하우 머취ㅈ 더 베이씩ㅋ 택씨 훼어ㄹ?

전철 요금은 얼마나 되죠?
How much is the subway fare? 하우 머취ㅈ 더 써브웨이 훼어ㄹ?

STEP 2 Actual Practice

A Excuse me, **how much** will the fare be?
익쓰큐-ㅈ 미, 하우 머취 윌 더 훼어ㄹ 비-?

B It depends on how far you are going.
잇 디펜전 하우 화-ㄹ 유우 아-ㄹ 고잉.

A 실례지만, 요금은 얼마나 될까요?
B 얼마나 가느냐에 따라 다르죠.

SIMILAR EXPRESSIONS

EXPRESSION 17

for a minute
훠러 미닛   잠시 동안, 잠깐 동안

직역하면 '일 분 동안'이지만 이 말은 '잠시 동안', '잠깐 동안'이라는 뜻이에요. 길을 가다가 지나가는 행인에게 도움을 요청하고자 할 때 오랜 시간을 뺏을 수는 없잖아요. 잠깐만 도와 달라고 부탁할 경우 for a minute를 넣어 말을 꺼내면 되죠.

for a second 훠러 쎄컨ㄷ	잠시 동안
for a sec 훠러 쎅ㄱ	잠깐 동안
for a while 훠러 와일	잠시 동안, 잠깐만
for a moment 훠러 모우먼ㅌ	잠시 동안, 잠깐 동안

EXPRESSION 18

Where to, sir?

웨어ㄹ 투, 써-ㄹ? 어디로 모실까요, 손님?

대중교통인 택시를 이용해서 목적지를 찾아가야 할 경우, 택시 운전사는 손님에게 Hello 또는 Hi.라고 먼저 인사를 건넨 뒤 Where to, sir?, Where to, ma'am?으로 물어보죠. 이 말뜻은 '어디로 모실까요, 손님?'이에요. 답변으로 전치사 to를 넣어 To this address, please.(이 주소로 가 주세요.) 또는 To this hotel, please.(이 호텔로 가 주세요.) 아니면 To the airport, please.(공항까지 부탁합니다.)처럼 상황에 맞게 말하면 되죠.

Where to, ma'am? 웨어ㄹ 투, 맴? 어디로 모실까요, 손님?

Where do you want to go? 웨어ㄹ 두 유우 원 투 고우? 어디 가고 싶어요?

Where do you want me to take you? 어디로 모실까요?
웨어ㄹ 두 유우 원 미 투 테이큐우?

Where would you like to go? 어디 가시겠어요?
웨어ㄹ 우쥬우 (을)라잌 투 고우?

Where would you like me to take you, sir[ma'am]?
웨어ㄹ 우쥬우 (을)라잌 미 투 테이큐우, 써-ㄹ(맴)? 어디로 모실까요, 손님?

Where shall I take you? 웨어ㄹ 쉘라이 테이큐우? 어디로 모실까요?

Where should I take you? 웨어ㄹ 슈다이 테이큐우? 어디로 모실까요?

Where are we going? 웨어ㄹ 아-ㄹ 위- 고잉? 어디로 모실까요?

Where are you going, sir[ma'am]? 어디로 가십니까, 손님?
웨어ㄹ 아-ㄹ 유우 고잉, 써-ㄹ(맴)?

ADDITIONAL EXPRESSIONS

Is this the right bus to the airport?
이ㅈ 디ㅆ 더 (우)롸잇 버ㅆ 투 디 에어ㄹ포-ㄹ트?
공항 가는 버스 맞나요?

Is this the right bus to downtown?
이ㅈ 디ㅆ 더 (우)롸잇 버ㅆ 투 다운타운?
이 버스가 시내로 가는 버스 맞습니까?

You're on the wrong bus.
유어ㄹ 언 더 (우)라-엉 버ㅆ.
버스 잘못 타셨습니다.

Let's take a taxi.
(을)렛ㅆ 테이커 택씨
택시 탑시다.

Please hurry if you can.
플리-ㅈ 허-리 이휴우 캔.
가능하면 서둘러 주세요.

Could you please tell me where to get off?
쿠쥬우 플리-ㅈ 텔 미 웨어ㄹ 투 게럻ㅎ?
어디서 내려야 할지 알려 주시겠어요?

Would you please tell me when to get off?
우쥬우 플리-ㅈ 텔 미 웬 투 게럻ㅎ?
언제 내려야 할지 말씀해 주시겠어요?

I was caught up in traffic.
아이 워ㅈ 커-러핀 츄래휔.
차가 막혔어요.

I'll let you know where to get off.
알 (을)렛츄우 노우 웨어ㄹ 투 게렆ㅎ.
어디서 내려야 할지 알려 줄게요.

Why don't we share a taxi together?
와이 도운ㅌ 위- 쉐어러 택씨 투게더ㄹ?
함께 택시 합승하는 게 어때요?

Buckle your seat belt, please.
버클 유어ㄹ 씨-잇 벨ㅌ, 플리-ㅈ.
좌석벨트 매 주세요.

This is it.
디씨짓
바로 여기예요.

Are we there yet?
아-ㄹ 위- 데어ㄹ 옛ㅌ? 아직 멀었나요?

Where can I buy a bus ticket to go to San Francisco?
웨어ㄹ 캐나이 바이 어 버ㅆ 티킷 투 고우 투 샌 흐랜씨쓰코우? 샌프란시스코행 버스표를 어디서 구입할 수 있죠?

How long will it take us to get to the destination?
하울러-엉 윌릿 테이커ㅆ 투 겟 투 더 데쓰터네이션? 목적지까지 도착하는 데 얼마나 걸리죠?

Where is your destination?
웨어리ㅈ 유어ㄹ 데쓰터네이션? 목적지가 어디예요?

Which stop should I get off at?
윗취 쓰땁 슈다이 게러햇? 어느 정거장에서 내려야 하죠?

This is my stop.
디씨ㅈ 마이 쓰땁. 저 여기서 내려요.

Excuse me! Let me get off, please.
익쓰큐-ㅈ 미! (을)렛 미 게렆ㅎ, 플리-ㅈ. 죄송하지만, 이번에 내려요.

Slow down, please.
쓸로우 다운, 플라-ㅈ. 속도 좀 줄여 주세요.

REVIEW 다음 괄호 안의 단어들을 올바른 순서대로 배열해 보세요.

1 (there, could, me, you, take)
   _____ ?

2 (with, what, you, can, help, I)
   _____ ?

3 (here, is, bus, there, around, stop, a)
   _____ ?

4 (time, here, this, is, first, your)
   _____ ?

5 (Italy, here, this, in, my, is, trip, first)
   _____ .

6 (one, have, good, a)
   _____ .

7 (please, hotel, take, to, this, me)
   _____ .

8 (there, drive, let, you, me)
   _____ .

9 (is, how, fare, subway, much, the)
   _____ ?

나의 황당한 경험

성명 조경희(여) 50대

싱가포르에 도착 후 공항에서 내려 호텔로 가는 길에 비자카드 결제가 안 되어 호텔에서 현금을 찾아 택시비를 지불해야 했습니다. 싱가포르 동전으로 거스름돈을 내주어 많이 불편했었습니다.

성명 김혜순(여) 50대

크로아티아에서 tram을 탈 경우 내리는 사람이 없으면 문 옆의 녹색 버튼을 눌러서 문이 열려야 탈 수 있었습니다.

성명 이준희(여) 40대

미국의 경우 의외로 우리나라보다 자동화 시스템이 덜 되어서 불편한 적이 많았습니다. 우리는 교통카드로 한솥이 체크가 되는데 샌프란시스코의 경우 종이표를 시간 구간별로 찢어서 확인하고 현금을 많이 내고 탔던 적이 있었습니다.

성명 오은애(여) 40대

버스차장이 한국 돈을 구경하고 싶다고 해서 보여 줬더니 기념으로 가져갔던 적이 있었는데, 상습적이었습니다. 왜냐하면 인도에서는 한국 천 원이 콜돈이었기 때문이었습니다.

성명 박신규(저자)

광에 여행 사진 때문에 갔을 때 한국인이 운영하는 렌터카를 이용했습니다. 운전을 잘하더라도 야간 운전은 조심하라고 충고하더군요. 길치가 아니라 걱정 안 했는데 야간 운전 도중에 어디가 어딘지 몰라 내비게이션을 켰지만 하필이면 그날 작동도 안 되고 정말 혼란스러웠습니다. 그때 근처에 있던 주유소에 가서 직원에게 지도를 펼쳐 보이면서 찾아갈 호텔이 어디에 있는지 물어보며 도움을 요청한 적이 있었습니다.

UNIT 07
식당에서

● ● ● 여행의 즐거움은 맛집(famous restaurant 훼이머쓰 (우)레쓰터런트)에 가서 맛있는 음식을 먹는 거예요.

처음 접해 보는 음식도 많을 겁니다. 물론 입맛에 맞을 수도 있고, 안 맞을 수도 있어요.

우선 메뉴판을 직원에게 부탁해 봅니다.

Excuse me, can I get a menu, please?
익쓰큐−ス 미, 캐나이 케러 메뉴−, 플리−ス?
(메뉴판 좀 주시겠어요?)

음식이 입맛에 맞으면 It tastes good.(잇 테이쓰 굿)
'맛있어요.'의 뜻이죠.

학습할 패턴들을 미리 체크해 봅니다!

● 한 사람 테이블을 예약하고 싶어요.

_____ book a table for one, _____.

● 언제까지 기다려야 하죠?

_____ wait?

● 오래 기다리게 해서 죄송합니다.

_____ have kept you waiting so long.

● 주문하시겠습니까, 손님?

_____ order, sir?

● 그걸로 할게요.

_____ that one.

● 스테이크 어떻게 해 드릴까요?

_____ your steak _____?

● 레드와인 한 잔 부탁할게요.

_____ a glass of red wine, _____.

● 친절에 감사드립니다.

_____ kindness.

정답 I'd like to, please / Until when should I / I'm sorry to / Would you like to / I'll have / How would you like, done / I would like, please / I appreciate your

UNIT 07 식당에서

STEP 1 단어의 뜻을 알맞게 짝지어 보세요.

bill 빌 ( )　　　　　　　　　　A 남자 종업원

menu 메뉴 ( )　　　　　　　　B 지불하다, 계산하다

by credit card 바이 크레딧 카-드 ( )　　C 오늘의 특별요리

taste 테이쓰트 ( )　　　　　　　D 계산서

waiter 웨이러ㄹ ( )　　　　　　E 주문하다

pay 페이 ( )　　　　　　　　　F 받아 주다

tip 팁 ( )　　　　　　　　　　G 팁

accept 액쎕ㅌ ( )　　　　　　　H 맛보다

order 오-ㄹ더ㄹ ( )　　　　　　 I 메뉴

today's special 투데이ㅈ 쓰뻬셜 ( )　　J 신용카드로

> **정답** D / I / J / H / A / B / G / F / E / C

STEP 2 단어의 뜻을 정확하게 적어 보세요.

book a seat 북커 싸-잇

recommend (우)레커멘ㄷ

good restaurant 굿 (우)레쓰터런ㅌ

chef 쉐ㅎ

delicious 딜리쉬ㅆ

well done 웰-던

> **정답** 좌석을 예약하다 / 추천하다 / 맛집 / 주방장 / 매우 맛있는 / 완전히 구워진

ACTUAL DIALOGUE

대중교통을 이용해서 샌프란시스코 이곳저곳을 여행하고 있는 동안 미리 인터넷 검색을 통해 맛집을 찾아본 신규는 마침내 식당에 도달하게 됩니다. 식당 안으로 들어가려는데 이미 모든 좌석이 손님들로 꽉 차 있었습니다. 할 수 없이 자리가 날 때까지 기다리다 식당 종업원의 안내로 창가 쪽 좌석에 앉게 되죠. 식당 직원과 대화를 나누는 상황이에요.

Part A

A Hello. How can I help you?
안녕하세요. 어떻게 도와 드릴까요?

Pattern 47

B Hello. **I'd like to** book a table for one, **please**.
안녕하세요. 한 사람 테이블을 예약하고 싶어요.
Similar Expressions ▶ I would like to..., please. / I want to..., please.

A I'm sorry. We are fully booked right now. Would you mind waiting?
죄송합니다. 지금 당장은 모두 예약된 상태입니다. 기다려 주시겠어요?

Pattern 48

B **How long do I have to** wait? 얼마나 기다려야 하죠?
Similar Expressions ▶ How long do I need to...?

A About 30 minutes. 30분 정도요.

B Okay, I'll wait. 알았어요. 기다릴게요.

A Thank you. 고맙습니다.

Part B

Pattern 49

A **I'm sorry to** have kept you waiting so long.
오래 기다리게 해서 죄송합니다.
Similar Expressions ▶ I'm sorry for... / I would like to apologize for...

B That's okay. 괜찮아요.

A Would you come this way, please?
이쪽으로 오시겠어요?

B OK. 알았어요.

Pattern 50

A Take a seat here, please. **Would you like to** order, sir? 이쪽으로 앉으세요. 주문하시겠습니까, 손님?
Similar Expressions ▶ Do you want to...? / Do you wanna...?

B What is your specialty here? 여기는 어떤 음식을 잘해요?

A Our specialty is a T-bone steak. 티본 스테이크를 잘합니다.

Pattern 51

B Good. **I'll have** that one. 좋아요. 그걸로 할게요.
Similar Expressions ▶ I'll eat...

Pattern 52

A Good choice. And **how would you like** your steak done? 선택 잘하셨어요. 스테이크 어떻게 해 드릴까요?
Similar Expressions ▶ How do you want... done? / How would you like... cooked?

B Well done, please. 바싹 익혀 주세요.

A Okay. Anything else? 알겠습니다. 그 밖에 필요한 건 없나요?

B   Pattern 53

B   Um, **I would like** a glass of red wine, **please**.

음, 레드와인 한 잔 부탁할게요.

Similar Expressions ▶ I want..., please.

A   Okay. I'll be back with one soon.

알겠습니다. 곧 가져다 드리죠.

Pattern 54

B   **I appreciate your** kindness.   친절에 감사드립니다.

Similar Expressions ▶ Thank you for your... / I'd like to appreciate your... / I'd like to thank you for your...

A   The pleasure is mine.   별말씀을요.

Pattern 47

아읻 (을)라잌 투...., 플리-즈.
I'd like to..., please.
~하고 싶어요

해외여행 동안에 맛집을 찾아가서 맛있는 음식을 마음껏 먹을 수 있는 것도 여행의 즐거움이죠. 사전에 미리 예약하지 않고 현장에서 해야 할 경우 이 패턴으로 자신의 의사를 전달할 수 있어요.

STEP 1 Pattern Practice

한 사람 테이블을 예약하고 싶어요.
I'd like to book a table for one, **please**.
아읻 (을)라잌 투 붘커 테이블 훠ㄹ 원, 플리-즈.

두 사람 테이블을 예약하고 싶어요.
I'd like to book a table for two, please.
아읻 (을)라잌 투 붘커 테이블 훠ㄹ 투-, 플리-즈.

창가 쪽 좌석을 예약하고 싶어요.
I'd like to reserve a window seat, **please**.
아읻 (을)라잌 투 (우)리자-ㄹ버 윈도우 싸-잇, 플리-즈.

예약을 취소하고 싶습니다.
I'd like to cancel my reservation, **please**.
아읻 (을)라잌 투 캔슬 마이 (을)레저ㄹ베이션, 플리-즈.

좌석을 예약하고 싶습니다.
I'd like to book a seat, **please**. 아읻 (을)라잌 투 붘커 싸-잇, 플리-즈.

STEP 2 Actual Practice

A   Good afternoon. How may I help you, sir?
굿 애흐터ㄹ누운. 하우 메이 아이 헬퓨우, 써-ㄹ?

B   **I'd like to** book a table for two, **please**.
아읻 (을)라잌 투 붘커 테이블 훠ㄹ 투-, 플리-즈.

A   안녕하세요. 어떻게 도와 드릴까요, 손님?
B   두 사람 좌석을 예약하고 싶어요.

Pattern 48

하울러엉 두 아이 해브 투...?
How long do I have to...?

얼마나 ~해야 해요?

때로는 식당 밖에서 본의 아니게 기다려야 할 때가 있어요. 손님들이 너무 많거나 테이블이 이미 다 예약된 상태라면 더 그렇죠. 이런 상황에서 종업원에게 어느 정도 기다려야 할지 궁금해서 묻게 되는데 이럴 때 사용할 수 있는 패턴이에요.

STEP 1 Pattern Practice

얼마나 기다려야 하죠?
How long do I have to wait? 하울러엉 두 아이 해브 투 웨잇?

얼마나 줄 서서 기다려야 하죠?
How long do I have to wait in line?
하울러엉 두 아이 해브 투 웨이린 (을)라인?

테이블 예약하려면 얼마나 기다려야 하죠?
How long do I have to wait to book a table?
하울러엉 두 아이 해브 투 웨잇 투 북커 테이블?

여기서 얼마나 기다려야 해요?
How long do I have to wait here? 하울러엉 두 아이 해브 투 웨잇 히어ㄹ?

여기서 얼마나 서 있어야 해요?
How long do I have to stand here?
하울러엉 두 아이 해브 투 쓰땐디어ㄹ?

STEP 2 Actual Practice

A **How long do I have to** wait? 하울러엉 두 아이 해브 투 웨잇?

B About 10 minutes. 어바웃 텐 미닛ㅆ.

A 얼마나 기다려야 하죠?
B 10분 정도요.

Pattern 49

암 쎄어리 투...
I'm sorry to...
~해서 죄송합니다

식당이나 레스토랑 같은 곳에서 본의 아니게 다른 손님에게 피해를 줘서 사과해야 할 때나 종업원이 손님에게 사과해야 할 때 이 패턴으로 미안함을 전달할 수 있어요.

STEP 1 Pattern Practice

이런 말씀을 드리게 되어서 죄송합니다.
I'm sorry to say this. 암 쎄어리 투 쎄이 디ㅆ.

귀찮게 해서 죄송해요.
I'm sorry to bother you. 암 쎄어리 투 바더ㄹ 유우.

방해해서 죄송합니다.
I'm sorry to interrupt you. 암 쎄어리 투 인터럽츄우.

여러 번 전화해서 죄송합니다.
I'm sorry to have called you so many times.
암 쎄어리 투 해ㅂ 커-얼듀우 쏘우 매니 타임ㅈ.

오래 기다리게 해서 죄송합니다.
I'm sorry to have kept you waiting so long.
암 쎄어리 투 해ㅂ 켑츄우 웨이링 쏘우 (을)러-엉.

STEP 2 Actual Practice

A **I'm sorry to** interrupt you. 암 쎄어리 투 인터럽츄우.

B That's okay. Don't worry. 댓ㅆ 오우케이. 도운ㅌ 워-리.

A 방해해서 죄송합니다.
B 괜찮아요. 걱정하지 마세요.

Pattern 50

우쥬우 (을)라읶 투...?
Would you like to...?
~하시겠습니까?

손님이 오면 앉을 좌석까지 안내해 드린 후 주문을 받게 되는데요. 비슷한 말로 Do you want to...?가 있지만 이 말보다는 좀 더 공손한 표현입니다.

STEP 1 Pattern Practice

주문하시겠습니까, 손님?
Would you like to order, sir? 우쥬우 (을)라읶 투 오-ㄹ더ㄹ, 써-ㄹ?

주문하시겠어요, 손님?
Would you like to order, ma'am? 우쥬우 (을)라읶 투 오-ㄹ더ㄹ, 맴?

여기 앉으시겠어요?
Would you like to sit here? 우쥬우 (을)라읶 투 씻 히어ㄹ?

여기서 기다리시겠어요?
Would you like to wait here? 우쥬우 (을)라읶 투 웨잇 히어ㄹ?

커피 좀 드시겠어요?
Would you like to drink some coffee?
우쥬우 (을)라읶 투 쥬링 썸 커어퓌?

STEP 2 Actual Practice

A **Would you like to** order, sir?
우쥬우 (을)라읶 투 오-ㄹ더ㄹ, 써-ㄹ?

B Please get me something to drink first.
플리-ㅈ 겟 미 썸띵 투 쥬링ㅋ 풔-ㄹ쓰ㅌ.

A 주문하시겠어요, 손님?
B 우선 마실 것 좀 주세요.

Pattern 51

알 해브…
I'll have... ~로 할게요, ~로 먹을게요, ~로 마실게요

해외여행을 하다 보면 우연히 찾아간 식당이나 레스토랑에서 어떤 음식을 잘하는지 몰라 직원으로부터 직접 추천을 받는 경우가 있어요. 마음에 들면 이 패턴으로 표현하면 되죠. 동사 have는 '가지다'라는 뜻이지만 구어체에서는 '먹다' 또는 '마시다'라는 뜻으로도 사용되죠.

STEP 1 Pattern Practice

그걸로 할게요.
I'll have that one. 알 해브 댓 원

커피 마실래요.
I'll have coffee. 알 해브 커어퓌.

비빔밥으로 할게요.
I'll have bibimbap. 알 해브 비빔밥.

오늘 특별 요리로 먹을게요.
I'll have today's special. 알 해브 투데이즈 쓰뻬셜.

스테이크 주세요.
I'll have the steak, please. 알 해브 더 쓰떼익, 플리─즈.

STEP 2 Actual Practice

A Our specialty is clam chowder.
아우워ㄹ 쓰뻬셜티 이즈 클램 촤우더ㄹ.

B **I'll have** that one. 알 해브 댓 원

A 클램 차우더를 잘해요.
B 그걸로 할게요.

Pattern 52

하우 우쥬우 (을)라잌... 던?
How would you like... done?
~은 어떻게 해 드릴까요?, ~은 어떻게 요리해 드릴까요?

손님의 입맛에 따라 요리하는 방식이 달라지는데요. 어떻게 요리해 드려야 할지 궁금해서 손님에게 먼저 의향을 묻고 싶다면 이 패턴을 활용하면 돼요. 손님이 요구하는 음식만 살짝 바꿔 넣으면 되죠.

STEP 1 Pattern Practice

스테이크 어떻게 해 드릴까요?
How would you like your steak **done?**
하우 우쥬우 (을)라잌 유어ㄹ 쓰떼잌ㅋ 던?

비프스테이크는 어떻게 요리해 드릴까요?
How would you like your beefsteak **done?**
하우 우쥬우 (을)라잌 유어ㄹ 비-흐쓰떼잌ㅋ 던?

계란은 어떻게 요리해 드릴까요?
How would you like your eggs?
하우 우쥬우 (을)라잌 유어ㄹ 에그ㅈ?

쇠고기는 어떻게 해 드릴까요?
How would you like your beef **done?**
하우 우쥬우 (을)라잌 유어ㄹ 비-ㅎ 던?

STEP 2 Actual Practice

A **How would you like** your steak **done?**
하우 우쥬우 (을)라잌 유어ㄹ 쓰떼잌ㅋ 던?

B I'd like it medium-rare, please.
아읻 (을)라이킷 미-디엄-(우)레어ㄹ, 플리-ㅈ.

A 스테이크 어떻게 해 드릴까요?
B 적당히 덜 익혀 주세요.

Pattern 53

아이 우들라잌..., 플리-ㅈ.
I would like..., please.

~ 부탁할게요, ~해 주세요

식당이나 레스토랑에서 음식이나 음료를 주문할 때 자신의 입맛에 맞게 부탁하면 되는데요. 이럴 때 유용한 패턴이죠. 뒤에 please를 넣으면 한층 더 공손한 뜻이 되는 거예요.

STEP 1 Pattern Practice

레드와인 한 잔 부탁할게요.
I would like a glass of red wine, **please**.
아이 우들라이커 글래써브 (우)레드 와인 플리-ㅈ.

물 좀 부탁할게요.
I would like some water, **please**. 아이 우들라잌 썸 워-러ㄹ, 플리-ㅈ.

커피 한 잔 주세요.
I would like a cup of coffee, **please**.
아이 우들라이커 커퍼브 커어퓌, 플리-ㅈ.

아이스티 부탁할게요.
I would like an iced tea, **please**. 아이 우들라이컨 아이쓰 타-, 플리-ㅈ.

완전히 익혀 주세요.
I would like it well-done, **please**.
아이 우들라이킷 웰-던, 플리-ㅈ.

STEP 2 Actual Practice

A **I would like** some water, **please**.
아이 우들라잌 썸 워-러ㄹ, 플리-ㅈ.

B Okay. One moment, please. 오우케이. 원 모우먼트, 플리-ㅈ.

A 물 좀 부탁할게요.
B 알겠어요. 잠시만 기다려 주세요.

Pattern 54

아이 어프리-쉬에이트 유어ㄹ...
I appreciate your...
~에 감사드립니다

상대방의 진심 어린 언행에 대해 때로는 감사함을 표현하고 싶을 때가 있어요. 레스토랑이나 식당 같은 곳에서 직원들의 세심한 배려에 종종 좋은 인상을 받게 되는데요. 동사 appreciate(감사하다)를 활용해서 말을 전하면 되죠.

STEP 1 Pattern Practice

친절에 감사드립니다.
I appreciate your kindness. 아이 어프리-쉬에이트 유어ㄹ 카인드니ㅆ.

환대에 감사드려요.
I appreciate your hospitality. 아이 어프리-쉬에이트 유어ㄹ 하쓰퍼탤러디.

도와주셔서 고맙습니다.
I appreciate your help. 아이 어프리-쉬에이트 유어ㄹ 헬ㅍ.

노력에 감사드립니다.
I appreciate your effort. 아이 어프리-쉬에이트 유어ㄹ 에훠ㄹ트.

기다려 줘서 고맙습니다.
I appreciate your waiting. 아이 어프리-쉬에이트 유어ㄹ 웨이링.

STEP 2 Actual Practice

A **I appreciate your** hospitality.
아이 어프리-쉬에이트 유어ㄹ 하쓰퍼탤러디.

B It's no big deal. 잇ㅆ 노우 빅 디-일.

A 환대에 감사드려요.
B 별거 아닙니다.

SIMILAR EXPRESSIONS

EXPRESSION 19

Would you come this way, please?

우쥬우 컴 디ㅆ 웨이, 플리-ㅈ? 이쪽으로 오시겠어요?

식당 같은 곳에 사전에 좌석을 예약했다면 직원의 안내를 받아 자리에 앉게 되는데요. 직원이 손님에게 Would you come this way, please?라고 말하게 되죠. 그 의미는 '이쪽으로 오시겠어요?'예요. 여기서 please는 말하는 사람에 따라 문장 맨 앞이나 또는 끝에 나오기도 해요.

Please come this way. 이쪽으로 오세요.
플리-ㅈ 컴 디ㅆ 웨이.

Would you please come this way? 이쪽으로 오시겠어요?
우쥬우 플리-ㅈ 컴 디ㅆ 웨이?

Come this way, please. 이쪽으로 오십시오.
컴 디ㅆ 웨이, 플리-ㅈ.

This way, please. 이쪽으로 오세요.
디ㅆ 웨이, 플리-ㅈ.

Follow me, please. 절 따라오세요.
활로우 미, 플리-ㅈ.

Please follow me. 절 따라오세요.
플리-ㅈ 활로우 미.

Would you please follow me? 절 따라오시겠어요?
우쥬우 플리-ㅈ 활로우 미?

Right this way, please. 이쪽으로 오세요.
(우)롸잇 디ㅆ 웨이, 플리-ㅈ.

EXPRESSION 20

Anything else?

애니띵 엘ㅆ? 그 밖에 필요한 건 없나요?

식당 직원이 손님의 주문을 받고 나서 그 밖에 더 필요한 게 없는지 확인차 묻게 되죠. 간단하게 Anything else?라고 하는데요. '그 밖에 필요한 건 없나요?'라는 뜻이에요. '그 밖에 필요한 거 있으세요?'로도 해석됩니다.

Do you want anything else? 그 밖에 원하는 게 있어요?
두 유우 원ㅌ 애니띵 엘ㅆ?

Is there anything else you want? 더 필요하신 거 있나요?
이ㅈ 데어ㄹ 애니띵 엘ㅆ 유우 원ㅌ?

Is there anything else you would like to order?
이ㅈ 데어ㄹ 애니띵 엘ㅆ 유우 우들라잌 투 오-ㄹ더ㄹ? 주문할 게 더 있으신가요?

Would you like anything else? 다른 거 필요한 것 없으세요?
우쥬우 (을)라잌 애니띵 엘ㅆ?

ADDITIONAL EXPRESSIONS

Could you give me the bill, please?
쿠쥬우 기ㅂ 미 더 빌, 플리-ㅈ?
계산서 좀 주시겠습니까?

Did you reserve a seat?
디쥬우 (을)리저-ㄹ버 씨-잇?
자리 예약하셨나요?

Here is the menu.
히어리ㅈ 더 메뉴-.
메뉴 여기 있습니다.

Can I have the menu, please?
캐나이 해ㅂ 더 메뉴-, 플리-ㅈ?
메뉴판 좀 주시겠어요?

Could you recommend some food for me?
쿠쥬우 (우)레커멘ㄷ 썸 후-ㄷ 훠ㄹ 미?
음식 좀 추천해 주시겠어요?

May I take your order?
메이 아이 테이큐어ㄹ 오-ㄹ더ㄹ?
주문하시겠어요?

I'd like to see the menu, please.
아읻 (을)라익 투 씨- 더 메뉴-, 플리-ㅈ.
메뉴판 좀 볼게요.

Medium, please.
미-디엄, 플리-ㅈ.
약간만 익혀 주세요.

A glass of wine, please.
어 글래쓰ㅂ 와인, 플리-ㅈ.
와인 한 잔 부탁해요.

This is not what I ordered.
디씨ㅈ 낫 워라이 오-ㄹ더ㄹㄷ.
이건 제가 주문한 게 아닌데요.

Do you have any tables available?
두 유우 해배니 테이블저베일러블?
빈자리 있나요?

How many in your party?
하우 매니 인 유어ㄹ 파-ㄹ리?
일행이 몇 분이시죠?

May I see the menu, please?
메이 아이 씨- 더 메뉴-, 플리-ㅈ?   메뉴판 좀 보여 주시겠어요?

I'd like to place an order.
아읻 (을)라익 투 플레이쌘 오-ㄹ더ㄹ.   주문하고 싶은데요.

What would you recommend?
윗 우쥬우 (우)레커멘ㄷ?   어떤 음식을 추천하시겠어요?

I'd like today's special.
아읻 (을)라익 투데이ㅈ 쓰뻬셜.   오늘의 특별 요리로 할게요.

It looks good.
잇 (을)룩ㅆ 굿.   맛있어 보여요.

The meat is a little tough.
더 미-잇 이저 (을)리를 터ㅎ.   고기가 좀 질기네요.

Have you had enough?
해뷰우 해디너ㅎ?   많이 드셨나요?

Enjoy your meal.
인줘이 유어ㄹ 미-일.   맛있게 드세요.

REVIEW 다음 괄호 안의 단어들을 올바른 순서대로 배열해 보세요.

1 (here, sit, like, would, to, you)

Would you like to sit here?

2 (please, I, book, would, seat, a, like, to)

I would like to book a seat, please.

3 (until, wait, should, when, I)

Until when should I wait?

4 (I, interrupt, am, you, to, sorry)

I am sorry to interrupt you.

5 (sir, like, you, would, order, to)

Would you like to order, sir?

6 (that, I, one, will, have)

I will have that one.

7 (how, steak, done, your, like, you, would)

How would you like your steak done?

8 (please, I, water, some, like, would)

I would like some water, please.

9 (kindness, I, your, appreciate)

I appreciate your kindness.

나의 황당한 경험

성명 이주선(여) 50대

오스트리아에서 중국 식당을 들어가서 앉았는데 종업원이 앉지 못하게 해서 큰 언쟁이 벌어질 뻔했습니다.

성명 김혜순(여) 50대

식당에서 남편은 햄버거에 맥주를, 난 샌드위치를 시켜서 먹고 있었는데 종업원이 "물 마시겠냐?"고 해서 아무 생각 없이 "Sure."라고 대답했습니다. 나중에 계산서에 맥주 값과 물 값이 함께 청구되었습니다.

성명 이준희(여) 40대

기다리면 자리를 안내해 준다는 걸 자꾸 잊어버리고 아무 자리에 앉게 되어 창피했던 적이 있습니다.

성명 박신규(저자)

한국에서는 식당이나 레스토랑을 이용할 때 전망이 좋은 자리가 비어 있으면 바로 가서 앉게 되잖아요. 때로는 직원이 예약을 미리 했는지 묻는 경우도 있습니다. 해외여행을 할 때는 이런 생각을 잠시 버려야 합니다. 사전에 예약을 하지 않고 식당이나 레스토랑을 이용할 경우 자리가 비어 있다고 해서 바로 가서 앉으면 안 됩니다. 직원이 자리를 안내해 줄 때까지 기다려야 합니다. 안내를 받고 앉은 자리가 마음에 안 들면 그때 다른 자리로 바꿀 수 있는지 물어보면 됩니다.

UNIT 08
쇼핑하기

● ● ● 해외여행 하면 맛집 찾기와 쇼핑하기예요. 평소에 사고 싶었던 물건을 저렴하게 구입할 수 있거든요.

이곳저곳을 둘러보다가 마음에 드는 물건을 발견하게 되면 가격을 먼저 물어보게 되죠.

How much is it? 하우 머취잇?
(얼마예요?)

이때 물건 가격이 생각한 것보다 좀 비싸다고 느끼면 가격 흥정을 하게 됩니다.

Could you please give me a discount?
쿠쥬우 플라-z 기브 미 어 디쓰카운트?
(가격 좀 깎아 주시겠어요?)

학습할 패턴들을 미리 체크해 봅니다!

● 어디로 모실까요, 손님?

_____ take you, sir?

● 이맘때 10분 정도 걸려요.

_____ 10 minutes at this time of day.

● 부인에게 줄 기념품으로 가방을 고르고 있는데요.

_____ a bag as a souvenir for my wife.

● 어떤 종류의 가방을 생각하시나요?

_____ bag _____?

● 여기서는 모든 종류의 가방을 취급하고 있어요.

_____ all kinds of bags _____.

● 추천하고 싶은 가방이라도 있어요?

_____ bag _____?

● 포장해 주시겠어요?

_____ wrap it up, _____?

정답 Where should I / It takes about / I'm looking for / What kind of, do you have in mind / We carry, here / Do you have any, you'd like to recommend / Could you, please

쇼핑하기

STEP 1 단어의 뜻을 알맞게 짝지어 보세요.

discount 디쓰카운ㅌ ( )	A 영수증
expensive 익쓰펜씨ㅂ ( )	B 가격
come down 컴 다운 ( )	C 포장하다
shopping mall 쌰핑 머-얼 ( )	D 바가지 (금액)
souvenir 쑤-버니어ㄹ ( )	E 비닐봉지
receipt (우)리씨-잇ㅌ ( )	F 할인, 할인하다
rip-off (우)리팦ㅎ ( )	G 가격을 내리다
wrap (우)랩ㅍ ( )	H 기념품
price 프라이ㅆ ( )	I 비싼
plastic bag 플래쓰틱 백ㄱ ( )	J 쇼핑몰

정답 F / I / G / J / H / A / D / C / B / E

STEP 2 단어의 뜻을 정확하게 적어 보세요.

on sale 언 쎄일

be sold out 비- 쏘울다웃

get a discount 게러 디쓰카운ㅌ

free of charge 흐리- 어ㅂ 챠-ㄹ쥐

in bulk 인 벌ㅋ

customer 커쓰터머ㄹ

정답 판매되는, 할인 중인 / 품절되다, 매진되다 / 할인을 받다 / 무료로 / 대량으로 / 고객

ACTUAL DIALOGUE

맛있는 음식을 먹고 난 후 신규는 가족들을 위한 선물을 준비하기 위해 쇼핑하려고 합니다. 길에서 택시를 잡고 가까운 쇼핑몰에 도착한 후 상점 직원의 도움을 받아 기념품으로 가방을 고르려고 해요. 하지만 어떤 가방이 좋을지 몰라 직원에게 도움을 요청하죠. 대화는 상점 직원과 대화를 나누는 상황이에요.

Part A

A Pattern 55
Hello. **Where should I** take you, sir?
안녕하세요. 어디로 모실까요, 손님?
Similar Expressions ▶ Where can I...?

B Please take me to the nearest shopping mall.
가장 가까운 쇼핑몰로 가 주세요.

A Okay, sir. Buckle your seat belt, please.
알겠습니다, 손님. 안전벨트 매 주세요.

B I already did. How long will it take to get there from here?
이미 맸습니다. 이곳에서 거기에 도착하는 데 얼마나 걸리죠?

Pattern 56
A **It takes about** 10 minutes at this time of day.
이맘때 10분 정도 걸려요.
Similar Expressions ▶ It will take about...

B Oh, I see. 오, 알겠어요.

(After a few minutes)

A This is it. 여기예요.

B Thanks. How much is the fare?
고마워요. 요금은 얼마죠?

A It's 8 dollars. 8달러예요.

B Here is a ten-dollar bill. Keep the change.
여기 10달러 지폐 있어요. 거스름돈은 가지세요.

A Thank you so much. Have fun.
정말 고마워요. 즐거운 시간 보내세요.

B Thank you. I will. 고마워요. 그럴게요.

Part B

A Hello. Can I help you, sir?
안녕하세요. 도와 드릴까요, 손님?

Pattern 57

B Yes, **I'm looking for** a bag as a souvenir for my wife.
네, 아내에게 줄 기념품으로 가방을 고르고 있는데요.
Similar Expressions ▶ I'm searching for...

Pattern 58

A **What kind of** bag **do you have in mind?**
어떤 종류의 가방을 생각하시나요?
Similar Expressions ▶ What sort of... do you have in mind? / What kind of... are you trying to buy?

B Well, what sort of bag do you carry?
글쎄요. 어떤 가방을 취급하시죠?

Pattern 59

A **We carry** all kinds of bags **here**. Most of them have some great unique prints on them.
여기서는 모든 종류의 가방을 취급하고 있어요. 대부분이 상당히 독특한 무늬를 가지고 있죠.
Similar Expressions ▶ We sell... here.

B What do you recommend? I mean, **do you have any** bag **you'd like to recommend?**
뭘 추천할래요? 추천하고 싶은 가방이라도 있어요?
Similar Expressions ▶ Is there any... you'd like to recommend?

A Well, let me see. How about this bag? It's a brand-new one, and has been selling like hot cakes.
글쎄요. 이 가방 어때요? 신상품이고, 날개 돋친 듯 팔리고 있거든요.

B Wow! I like the color. How much is it?
와우. 색깔 예쁘네요. 얼마죠?

A It's on sale for 100 dollars.
백 달러로 할인판매 중이에요.

B Um, it seems too expensive. Could you come down a little bit, please?
음, 너무 비싼 것 같아요. 좀 깎아 주시겠어요?

A I think the price is reasonable for its quality.
품질로 보면 가격이 적절한 것 같은데요.

B I see. I'll take it. **Could you** wrap it up, **please?**
알겠어요. 살게요. 포장해 주시겠어요?
Similar Expressions ▶ Would you please...? / Could you please...? / I would like you to...

A Yes. You made a good choice.
네. 선택 아주 잘하셨어요.

B I hope so. 그러길 바랍니다.

Pattern 55

웨어 슈다이...?
Where should I...?
어디로 ~해야 해요?

택시를 이용해서 가까운 쇼핑몰에 가려고 할 때가 있어요. 택시 운전사가 손님에게 '어디로 모실까요?'라고 말을 하게 되죠.

STEP 1 Pattern Practice

어디로 가야 해요?
Where should I go? 웨어 슈다이 고우?

옷 좀 사려면 어디로 가야 하죠?
Where should I go to buy some clothes?
웨어 슈다이 고우 투 바이 썸 클로우ㅈ?

어디로 모실까요, 손님?
Where should I take you, sir? 웨어 슈다이 테이큐우, 써-ㄹ?

어디로 모실까요, 손님?
Where should I take you, ma'am? 웨어 슈다이 테이큐우, 맴?

어디서 내려 드릴까요?
Where should I drop you off? 웨어 슈다이 쥬랴퓨우 어-ㅎ?

STEP 2 Actual Practice

A **Where should I drop you off?** 웨어 슈다이 쥬랴퓨우 어-ㅎ?

B I'll get out here. Thank you. 아일 게라웃 히어ㄹ. 땡큐우.

A 어디서 내려 드릴까요?
B 여기서 내릴게요. 고마워요.

Pattern 56

It takes about...
잇 테익쎄바웃...
~ 정도 걸려요

해외여행을 하다 보면 자신이 가려는 목적지까지 걸리는 시간이 어느 정도 되는지 묻게 되는 돼요. 부사 about은 '대략', '약'이라는 뜻이에요. 어느 장소까지 걸리는 대략적인 시간을 말할 때 사용하죠.

STEP 1 Pattern Practice

이맘때 10분 정도 걸려요.
It takes about 10 minutes at this time of day.
잇 테익쎄바웃 텐 미닛ㅆ 앳 디ㅆ 타이머ㅂ 데이.

30분 정도 걸립니다.
It takes about 30 minutes. 잇 테익쎄바웃 떠-ㄹ리 미닛ㅆ.

한 시간 정도 걸려요.
It takes about 1 hour. 잇 테익쎄바웃 원 아우어ㄹ.

택시로 10분 정도 걸립니다.
It takes about 10 minutes by taxi. 잇 테익쎄바웃 텐 미닛ㅆ 바이 택씨.

걸어서 20분 정도 걸려요.
It takes about 20 minutes on foot. 잇 테익쎄바웃 투워니 미닛ㅆ 언 훗ㅌ.

STEP 2 Actual Practice

A How long does it take to this place?
하울라-엉 더짓 테잇 투 디ㅆ 플레이ㅆ?

B **It takes about** 20 minutes on foot.
잇 테익쎄바웃 투워니 미닛ㅆ 언 훗ㅌ.

A 이 장소까지 얼마나 걸리죠?
B 걸어서 20분 정도 걸려요.

Pattern 57

암 (을)룩킹 훠ㄹ...
I'm looking for...

~을 찾고 있는데요, ~을 고르고 있는데요

해외여행에서 돌아오기 전에 기념품으로 선물을 사게 되는데요. 쇼핑몰 같은 곳에서 직원에게 찾고자 하는 물건이 뭔지를 알려 주고 싶을 때가 있어요.

STEP 1 Pattern Practice

아내에게 줄 기념품으로 가방을 고르고 있는데요.
I'm looking for a bag as a souvenir for my wife.
암 (을)룩킹 훠러 백ㄱ 애저 쑤-버니어ㄹ 훠ㄹ 마이 와이ㅎ.

남편에게 줄 선물을 찾고 있어요.
I'm looking for a present for my husband.
암 (을)룩킹 훠러 프레즌ㅌ 훠ㄹ 마이 허즈번ㄷ.

셔츠를 찾고 있어요.
I'm looking for a shirt. 암 (을)룩킹 훠러 쉬-르트.

기념품을 찾고 있는데요.
I'm looking for a souvenir. 암 (을)룩킹 훠러 쑤-버니어ㄹ.

신발 고르고 있어요.
I'm looking for some shoes. 암 (을)룩킹 훠ㄹ 썸 슈-ㅈ.

STEP 2 Actual Practice

A Hello. May I help you, ma'am? 헬로우. 메이 아이 헬퓨우. 맴?

B **I'm looking for** a present for my husband.
암 (을)룩킹 훠러 프레즌ㅌ 훠ㄹ 마이 허즈번ㄷ.

A 안녕하세요. 도와 드릴까요, 손님?
B 남편에게 줄 선물을 찾고 있어요.

Pattern 58

왓 카인더ㅂ... 두 유우 해빈마인ㄷ?
What kind of... do you have in mind?

어떤 종류의 ~을 생각하시나요?

기념품으로 어떤 선물이 좋을지 몰라 상점 직원에게 도움을 요청해야 할 때가 있어요. 이때 직원은 손님에게 미리 생각해 둔 상품이 뭔지 묻게 되는데요.

STEP 1 Pattern Practice

어떤 종류의 가방을 생각하시나요?
What kind of bag **do you have in mind?**
왓 카인더ㅂ 백ㄱ 두 유우 해빈마인ㄷ?

어떤 종류의 신발을 생각하고 계세요?
What kind of shoes **do you have in mind?**
왓 카인더ㅂ 슈-ㅈ 두 유우 해빈마인ㄷ?

어떤 종류의 선물을 생각하시나요?
What kind of present **do you have in mind?**
왓 카인더ㅂ 프레즌ㅌ 두 유우 해빈마인ㄷ?

어떤 종류의 기념품을 생각하세요?
What kind of souvenir **do you have in mind?**
왓 카인더ㅂ 쑤-버니어ㄹ 두 유우 해빈마인ㄷ?

STEP 2 Actual Practice

A What kind of bag do you have in mind?
왓 카인더ㅂ 백ㄱ 두 유우 해빈마인ㄷ?

B What do you have? 왓 두 유우 해ㅂ?

A 어떤 종류의 가방을 생각하시나요?
B 뭐가 있는데요?

Pattern 59

위- 캐리... 히어ㄹ.
We carry... here.   여기서는 ~을 취급하고 있어요

쇼핑몰에 가보면 다양한 상점들을 접할 수가 있어요. 취급하는 물건도 다양하죠. 동사 carry를 사용해요.

STEP 1   Pattern Practice

여기서는 모든 종류의 가방을 취급하고 있어요.
We carry all kinds of bags **here**. 위- 캐리 얼 카인저ㄴ 백ㅈ 히어ㄹ.

여기서는 오직 남성용 신발만 취급해요.
We carry only shoes for men **here**.
위- 캐리 오운리 슈-ㅈ 훠ㄹ 맨 히어ㄹ.

여기서는 모든 종류의 헤어핀을 취급해요.
We carry all sorts of hairpins **here**.
위- 캐리 얼 쏘-ㄹ써ㅂ 헤어ㄹ핀ㅈ 히어ㄹ.

이곳에서는 다채로운 신선한 농산물을 취급하고 있어요.
We carry a variety of fresh produce **here**.
위- 캐리 어 버라이어리 어ㅂ 흐레쉬 프라듀-ㅆ 히어ㄹ.

여기서는 오직 넥타이만 취급해요.
We carry only ties **here**. 위- 캐리 오운리 타이ㅈ 히어ㄹ.

STEP 2   Actual Practice

A Excuse me, can I buy a bag here?
익쓰큐-ㅈ 미, 캐나이 바이 어 백ㄱ 히어ㄹ?

B I'm sorry, but **we carry** only ties **here**.
암 쎠리, 벗 위 캐리 오운리 타이ㅈ 히어ㄹ.

A 실례지만, 여기서 가방을 살 수 있나요?

B 죄송하지만, 여기서는 오직 넥타이만 취급해요.

Pattern 60

두 유우 해배니... 유드 (을)라익 투 (우)레커멘드?
Do you have any... you'd like to recommend?
추천하고 싶은 ~이라도 있어요?

사고 싶은 물건은 많은데 어떤 것을 골라야 할지 망설이게 될 때가 있어요. 직원에게 추천하고 싶은 물건이 있는지 물어볼 수 있잖아요.

STEP 1 Pattern Practice

추천하고 싶은 가방이라도 있어요?
Do you have any bag you'd like to recommend?
두 유우 해배니 백ㄱ 유드 (을)라익 투 (우)레커멘드?

추천하고 싶은 티셔츠라도 있어요?
Do you have any T-shirt you'd like to recommend?
두 유우 해배니 티-쉬-ㄹ트 유드 (을)라익 투 (우)레커멘드?

추천하고 싶은 스카프라도 있나요?
Do you have any scarf you'd like to recommend?
두 유우 해배니 쓰까-ㄹ흐 유드 (을)라익 투 (우)레커멘드?

추천하고 싶은 여행 가방이라도 있어요?
Do you have any suitcase you'd like to recommend? 두 유우 해배니 쑤-웃케이ㅆ 유드 (을)라익 투 (우)레커멘드?

STEP 2 Actual Practice

A Do you have any scarf you'd like to recommend? 두 유우 해배니 쓰까-ㄹ흐 유드 (을)라익 투 (우)레커멘드?

B I'd like to recommend this blue scarf.
아읻 (을)라익 투 (우)레커멘드 디ㅆ 블루 쓰까-ㄹ흐.

A 추천하고 싶은 스카프라도 있나요?
B 이 파란색 스카프를 추천하고 싶어요.

Pattern 61

쿠쥬우..., 플리-ㅈ?
Could you..., please?
~해 주시겠어요?

상대방에게 정중하게 뭔가를 부탁하고자 할 때 사용하죠. 말끝에 please를 덧붙이면 좀 더 공손한 의미를 전달하게 됩니다. 물건들을 사고 난 뒤 예쁘게 포장해 달라고 부탁할 때도 사용할 수 있는 패턴이에요.

STEP 1 Pattern Practice

포장해 주시겠어요?
Could you wrap it up, **please?** 쿠쥬우 (우)래피럽, 플리-ㅈ?

이 주소로 배달해 주시겠어요?
Could you deliver it to this address, **please?**
쿠쥬우 딜리버릿 투 디쌔쥬레ㅆ, 플리-ㅈ?

가격 좀 깎아 주시겠습니까?
Could you give me a discount, **please?**
쿠쥬우 기ㅂ 미 어 디쓰카운트, 플리-ㅈ?

다시 한 번만 확인해 주시겠어요?
Could you double-check, **please?** 쿠쥬우 더블-체ㅋ, 플리-ㅈ?

이것 좀 잡아 주시겠습니까?
Could you hold this for me, **please?**
쿠쥬우 호울 디ㅆ 풔ㄹ 미, 플리-ㅈ?

STEP 2 Actual Practice

A **Could you** deliver it to this address, **please?**
쿠쥬우 딜리버릿 투 디쌔쥬레ㅆ, 플리-ㅈ?

B Of course. I'll send it right away.
어ㅂ 코-ㄹ쓰. 아일 쎈딧 (우)라이러웨이.

A 이 주소로 배달해 주시겠어요?
B 물론이죠. 즉시 보낼게요.

SIMILAR EXPRESSIONS

EXPRESSION 21

Buckle your seat belt, please.

버클 유어ㄹ 씨-잇 벨ㅌ, 플리-ㅈ.　　　　　　　　　　안전벨트를 매 주세요.

대중교통으로 택시를 이용할 경우 택시 기사가 손님에게 Buckle your seat belt, please.라고 말을 먼저 건네는데요. 의미는 '안전벨트 매 주세요.', '좌석벨트 매 주세요.'이죠.

Buckle up, please.　　　　　　　　　　　　　　　안전벨트를 매 주세요.
버클럽, 플리-ㅈ.

Fasten your seat belt, please.　　　　　　　　　좌석벨트를 매 주세요.
패아쓴 유어ㄹ 씨-잇 벨ㅌ, 플리-ㅈ.

EXPRESSION 22

How much is it?

하우 머춰짓?　　　　　　　　　　　　　　　　　　　　얼마죠?

물건 가격을 묻고 싶을 때 제일 쉽게 사용할 수 있는 표현이에요. 급하면 How much?라고만 말해도 의미는 통하죠. How much is it?은 '얼마죠?'로 구입하는 물건의 가격이 어떻게 되는지 궁금할 때 이 표현을 활용해 볼 수 있어요.

How much are you asking?　　　　　　　　　　　얼마면 되죠?
하우 머춰 아-ㄹ 유우 애쓰킹?

How much are those altogether?　　　　　　　전부 해서 얼마예요?
하우 머춰 아-ㄹ 도우ㅈ 어-얼투게더ㄹ?

How much do I owe you?　　　　　　　　　　　얼마예요?, 얼마 드려야 하죠?
하우 머춰 두 아이 오우 유우?

How much will it be?　　　　　　　　　　　　　　얼마면 될까요?
하우 머춰 윌릿 비-?

What's the price?　　　　　　　　　　　　　　　　가격이 어떻게 돼요?
왓ㅆ 더 프라이ㅆ?

EXPRESSION 23

Could you come down a little bit, please?

쿠쥬우 컴 다우너 (을)리를 빗, 플리-ㅈ?   좀 깎아 주시겠어요?

물건을 사다 보면 자신이 예상한 가격보다 좀 더 비쌀 수가 있어요. 가격을 흥정하게 되는데요. 정중하게 직원이나 상점 주인에게 Could you come down a little bit, please?라고 말하죠. '좀 깎아 주시겠어요?'라는 뜻이에요. 여기서 come down은 '(가격을) 내리다'예요.

Can't you make it any cheaper?   더 싸게 해줄 수 없나요?
캔츄우 메이킷 애니 취-입퍼?

Could you please give me a discount?   할인 좀 해 주시겠어요?
쿠쥬우 플리-ㅈ 기브 미 어 디쓰카운ㅌ?

Can you come down a little?   에누리 좀 안 될까요?
캔뉴우 컴 다우너 (을)리를?

EXPRESSION 24

I'll take it.

아일 테이킷   살게요.

동사 take는 '가지다', '데려가다'지만 여기서는 buy처럼 '사다'라는 뜻이에요. 물건이 마음에 들면 '살게요.'라고 말하듯이 네이티브들은 I'll take it.이라고 표현해요.

I'll buy it.   살게요.
아일 바이 잇.

It's too steep.
잇ㅆ 투– 쓰티–ㅍ.
너무 비싸요.

It's a good buy at that price.
잇써 굿 바이 앳 댓 프라이ㅆ.
그 가격이면 정말 잘 산 거예요.

We are selling it below cost.
위– 아–ㄹ 쎌링 잇 빌로우 커–ㅆ트.
밑지고 파는 거예요.

I'm just looking.
암 저쓰ㅌ (을)룩킹.
그냥 둘러보는 거예요.

I'm just shopping around.
암 저쓰ㅌ 샤핑 어라운ㄷ.
그냥 둘러보는 겁니다.

I'm just browsing.
암 저쓰ㅌ 브라우징.
그냥 둘러보는 거예요.

Can you direct me to the shoe store?
캔뉴우 디렉ㅌ 미 투 더 슈– 쓰또(오)?
신발 가게로 안내해 줄래요?

It's on the third floor.
잇쓴 더 떠–ㄹ드 흘로–ㄹ.
3층에 있어요.

What kind of shoes are you looking for?
왓 카인더ㅂ 슈–ㅈ 아–ㄹ 유우 (을)룩킹 풔ㄹ?
어떤 신발을 찾고 계시죠?

Do you have something particular in mind?
두 유우 해ㅂ 썸띵 퍼ㄹ티큘러ㄹ 인 마인ㄷ?
뭐 특별히 찾으시는 것 있어요?

How about this one?
하우 어바웃 디ㅆ 원?
이건 어때요?

Buy one get one free.
바이 원 겟 원 흐리–.
하나 사면 하나 공짜.

I'd like something smaller.
이읻 (을)라잌 썸띵 쓰모-올러ㄹ.
좀 더 작은 것을 원해요.

Do you mind if I try this on?
두 유우 마인디화이 츄라이 디썬?
이거 입어 봐도 돼요?

I'll look around some more.
알 (을)룩커라운ㄷ 썸 모-어ㄹ.
좀 더 돌아볼게요.

I like this one.
아일라잌 디ㅆ 원.
이게 마음에 드네요.

What's the normal price?
웟ㅆ 더 노-ㄹ멀 프라이ㅆ?
정가가 얼마죠?

It's awfully expensive.
잇ㅆ 아-휠리 익ㅆ펜씨브.
굉장히 비싸군요.

I'd like to exchange this for something else.
아읻 (을)라잌 투 익ㅆ체인쥐 디ㅆ 풔ㄹ 썸띵 엘ㅆ.
이것을 다른 것으로 바꾸고 싶어요.

REVIEW 다음 괄호 안의 단어들을 올바른 순서대로 배열해 보세요.

1 (you, should, where, I, drop, off, I, drop)

_____ ?

2 (taxi, it, 10 minutes, about, takes, by)

_____ .

3 (husband, I, a, am, for, looking, for, my, present)

_____ .

4 (mind, kind, what, you, have, do, in, bag, of)

_____ ?

5 (only, here, we, carry, ties)

_____ .

6 (recommend, you, you, to, like, would, do, scarf, have, any)

_____ ?

7 (please, you, it, could, up, wrap)

_____ ?

8 (souvenir, I, a, am, for, looking)

_____ .

9 (double-check, please, you, could)

_____ ?

158 ● 초치기 여행영어

UNIT 09
관광하기

●●● 맛집도 가고 쇼핑도 했으니 슬슬 주변 구경을 해야 하죠. 아름다운 해변(beach 비-취)에서 즐거운 시간을 보내거나 멋있는 관광지(tourist attractions 투어리쓰ㅌ 어츄랙션쓰)를 찾아 즐거운 시간을 보낼 수 있습니다.

평소에 꼭 가고 싶었던 곳이 있으면 이번 기회를 적절하게 활용해 봅니다.

이때 혹시 어떻게 가야 할지 몰라 주저하게 되면 지나가는 사람에게 길을 물어보면 되죠.

Excuse me, how can I get there from here?
익쓰큐-ㅈ 미, 하우 캐나이 겟 데어ㄹ 흐롬 히어ㄹ?
(실례지만, 여기서 그곳에 어떻게 갈 수 있어요?)

학습할 패턴들을 미리 체크해 봅니다!

● 어디서 오셨는지 여쭤 봐도 괜찮겠어요?

_____ where you're from?

● 피터라 불러 주세요.

_____ Peter.

● 가방이 예뻐요.

_____ bag.

● 좀 긴장되고 걱정돼요.

_____ nervous and worried.

● 이제 가 봐야겠어요.

_____ go now.

> 정답 Would you mind if I asked / Please call me / I like your / I feel a little / I'm afraid I've got to

STEP 1 단어의 뜻을 알맞게 짝지어 보세요.

sightseeing 싸잇씨잉 (　)

go backpacking 고우 백패킹 (　)

beach 비-취 (　)

package tour 패키쥐 투어ㄹ (　)

FIT(Free Independent Tour) (　)
흐리- 인디펜던ㅌ 투어ㄹ

travel overseas 츄래블 오우버ㅆ싸-ㅈ (　)

itinerary 아이티너뤠리 (　)

resort (우)리조-ㄹ트 (　)

one-day trip 원-데이 츄립 (　)

travel agency 츄래블 에이전씨 (　)

A 해변

B 개별자유여행

C 해외여행하다

D 여행 계획[일정]

E 당일치기 여행

F 여행사

G 휴양지

H 관광

I 일괄 알선 여행

J 배낭여행하다

> 정답 H / J / A / I / B / C / D / G / E / F

STEP 2 단어의 뜻을 정확하게 적어 보세요.

tourist attraction 투어리쓰트 어츄랙션　_____

tourist 투어리쓰트　_____

excursion 익쓰커-ㄹ쥔　_____

service charge 써-ㄹ비ㅆ 촤-ㄹ쥐　_____

city sightseeing 씨리 싸잇씨잉　_____

> 정답 관광지 / 여행객 / 소풍 / 수수료 / 시내 관광

ACTUAL DIALOGUE

쇼핑을 한 후 시간의 여유가 생겨 꼭 들르고 싶었던 관광지를 찾아 길을 떠나게 됩니다. 그러다 우연히 바다 근처에 있는 항구에 도달하게 된 신규는 주변의 아름다운 경치에 반해 잠시 깊은 생각에 빠지게 되죠. 이때 옆에 있던 외국인 관광객이 다가와 말을 겁니다. 외국인 관광객과 대화를 나누며 즐거운 시간을 보내는 상황이에요.

A Hello. 안녕하세요.

B Hi. 안녕하세요.

A Do you live here? 여기 사세요?

B No, I don't. I'm a tourist. 아니요. 전 여행객이에요.

Pattern 62

A Oh, I see. **Would you mind if I asked** where you're from? 오, 그래요. 어디서 오셨는지 여쭤 봐도 괜찮겠어요?
Similar Expressions ▶ Do you mind if I ask...? / Is it all right to ask...?

B No, not at all. I'm from Korea. How about you?
네, 괜찮아요. 한국에서 왔어요. 당신은요?

A I'm from England. 영국에서 왔어요.

B Really? Nice to meet you. 정말이에요? 만나서 반가워요.

Pattern 63

A Nice to meet you, too. I'm Peter Jackson. **Please call me** Peter.
저 역시 만나서 반가워요. 피터 잭슨입니다. 피터라 불러 주세요.
Similar Expressions ▶ Just call me..., please.

B Peter! I'm Sin-gyu Park. It's my Korean name, but I have an English nickname.
피터! 전 박신규입니다. 한국 이름이지만 영어 이름도 있어요.

A What's that? 그게 뭐죠?

B Sam. I mean, Sam is my English nickname.
샘이에요. 제 말은, 샘이 제 영어 이름이에요.

Pattern 64

A Okay. Wow! **I like your** bag. 알겠어요. 와우! 가방이 예뻐요.
Similar Expressions ▶ I love your...

B Thanks. 고마워요.

A You're welcome. By the way, have you ever been here in San Francisco before?
천만에요. 그런데요, 전에 이곳 샌프란시스코에 오신 적이 있어요?

Pattern 65

B Actually, this is my first time here, so **I feel a little** nervous and worried.
실은, 이곳이 처음이에요. 그래서 좀 긴장되고 걱정돼요.
Similar Expressions ▶ I'm a little...

A Don't worry too much. When I was here for the first time, I felt that way too. But as time went by, I gradually felt more comfortable than before because most of the people that I met were very friendly and nice to me.
너무 걱정하지 마세요. 처음 여기 왔을 때, 저도 그런 느낌이었어요. 하지만 시간이 지나면서, 점점 전보다는 더 편안해졌어요. 제가 만났던 대부분의 사람들이 매우 친절하고 좋았거든요.

Pattern 66

B Oh, yeah? That's good to know. Well, **I'm afraid I've got to** go now. Nice talking to you.
오, 그래요? 그렇다면 다행이네요. 이제 가 봐야겠어요. 얘기 잘 나눴어요.
Similar Expressions ▶ I'm afraid I have to...

A Nice talking to you too. Have a good one.
저 역시 얘기 잘 나눴습니다. 좋은 하루 되세요.

B Thanks a lot. You too. 정말 고마워요. 당신도요.

Pattern 62

우쥬우 마인디화이 애쓰크ㅌ...?
Would you mind if I asked...?

~ 여쭤 봐도 괜찮겠어요?, 제가 ~ 물어봐도 괜찮을까요?

해외여행 도중에 다른 나라에서 온 관광객과 대화를 나눌 수 있는 기회가 자주 찾아오게 됩니다. 여행의 즐거움인데요. 개인적인 질문을 해야 할 경우 예의를 갖춰야 하죠.

STEP 1 Pattern Practice

어디서 오셨는지 여쭤 봐도 괜찮겠어요?
Would you mind if I asked where you're from?
우쥬우 마인디화이 애쓰크ㅌ 웨어ㄹ 유어ㄹ 흐럼?

성함을 여쭤 봐도 괜찮겠어요?
Would you mind if I asked you for your name?
우쥬우 마인디화이 애쓰크ㅌ 유우 훠ㄹ 유어ㄹ 네임?

사적인 질문 하나 해도 되겠습니까?
Would you mind if I asked you a personal question?
우쥬우 마인디화이 애쓰크ㅌ 유우 어 퍼ㄹ쓰널 크웨쓰쳔?

제가 길 좀 여쭤 봐도 괜찮겠어요?
Would you mind if I asked you for some directions?
우쥬우 마인디화이 애쓰크ㅌ 유우 훠ㄹ 썸 디렉션ㅈ?

STEP 2 Actual Practice

A **Would you mind if I asked** where you're from?
우쥬우 마인디화이 애쓰크ㅌ 웨어ㄹ 유어ㄹ 흐럼?

B No, I wouldn't mind. I'm from Korea.
노우, 아이 우든ㅌ 마인ㄷ. 암 흐럼 코뤼-아.

A 어디서 오셨는지 여쭤 봐도 괜찮겠어요?
B 네, 괜찮습니다. 한국에서 왔어요.

Pattern 63

플리-ㅈ 커-얼 미...
Please call me... ~라고 불러 주세요

우리나라와 달리 네이티브들은 '이름+성' 어순으로 말하죠. 이름을 밝힌 후 이름을 줄여서 자신을 불러 달라고 부탁할 때 사용해요.

STEP 1 Pattern Practice

피터라 불러 주세요.
Please call me Peter. 플리-ㅈ 커-얼 미 파-러ㄹ.

샘이라 불러 주세요.
Please call me Sam. 플리-ㅈ 커-얼 미 쌤.

토니라 불러 주세요.
Please call me Tony. 플리-ㅈ 커-얼 미 토니.

신디라 불러 주세요.
Please call me Cindy. 플리-ㅈ 커-얼 미 씬디.

주디라 불러 주세요.
Please call me Judy. 플리-ㅈ 커-얼 미 쥬디.

STEP 2 Actual Practice

A May I ask your name? 메이 아이 애쓰큐어ㄹ 네임?

B Sure. I'm Peter Kim. **Please call me** Peter.
셔ㄹ. 암 파-러ㄹ 킴. 플리-ㅈ 커-얼 미 파-러ㄹ.

A 성함을 여쭤 봐도 될까요?
B 물론이죠. 피터 김이에요. 피터라 불러 주세요.

Pattern 64

아이 (을)라이큐어ㄹ...
I like your... ~이 멋있어요, ~이 근사해요, ~이 예뻐요

여행에서 어떻게 하면 외국 관광객들과 대화를 쉽게 나눌 수 있을까요? 말처럼 쉽지는 않죠. 간단하게 Hello, 또는 Hi,로 인사를 건넨 뒤 상대방에게 칭찬 한마디를 건네볼 수 있어요. 여기서 동사 like는 '좋아하다'가 아닌 '마음에 들다', '멋있다', '예쁘다'라는 뜻이에요.

STEP 1 Pattern Practice

이름이 멋있네요.
I like your name. 아이 (을)라이큐어ㄹ 네임.

넥타이가 근사해요.
I like your tie. 아이 (을)라이큐어ㄹ 타이.

신발이 멋있네요.
I like your shoes. 아이 (을)라이큐어ㄹ 슈-ㅈ.

미소가 예뻐요.
I like your smile. 아이 (을)라이큐어ㄹ 쓰마일.

가방이 예뻐요.
I like your bag. 아이 (을)라이큐어ㄹ 백ㄱ.

STEP 2 Actual Practice

A Wow! **I like your** bag. 와우! 아이 (을)라이큐어ㄹ 백ㄱ.

B Thanks. My husband bought it for me.
땡ㅆ. 마이 허즈번ㄷ 버-릿 휘ㄹ 미.

A 와우! 가방이 예뻐요.
B 고마워요. 남편이 사준 거예요.

Pattern 65

아이 휘-ㄹ러 리를...
I feel a little...
좀 ~해요

자신의 몸이나 감정 상태가 어떤지를 좀 누그러트려 말할 때 사용해요. 혹시 처음 해외여행을 가게 되면, 그것도 자유여행을 혼자 떠나게 된다면 긴장되잖아요. 초조하기도 하죠.

STEP 1 Pattern Practice

좀 긴장되고 걱정돼요.
I feel a little nervous and worried.
아이 휘-ㄹ러 리를 너-ㄹ버ㅆ 앤 워-리드.

좀 피곤해요.
I feel a little tired. 아이 휘-ㄹ러 리를 타이어드

좀 실망스러워요.
I feel a little disappointed. 아이 휘-ㄹ러 리를 디써포인티드.

좀 지쳤어요.
I feel a little exhausted. 아이 휘-ㄹ러 리를 익줘-ㅆ티드.

좀 지루해요.
I feel a little bored. 아이 휘-ㄹ러 리를 보-ㄹ드

STEP 2 Actual Practice

A   Sam! How are you feeling now? 쌤 하우 아-ㄹ 유우 휘-일링 나우?

B   **I feel a little** nervous and worried.
아이 휘-ㄹ러 리를 너-ㄹ버ㅆ 앤 워-리드.

A   쌤! 지금 기분 어때요?
B   좀 긴장되고 걱정돼요.

Pattern 66

아머후레이드 아이브 갓 투...
I'm afraid I've got to... ~해야 할 것 같아요

현지인이나 외국관광객과 대화 도중에 어쩔 수 없이 작별을 고해야 할 때가 있어요.

STEP 1 Pattern Practice

이제 가 봐야겠어요.
I'm afraid I've got to go now. 아머후레이드 아이브 갓 투 고우 나우.

이제 떠나야겠어요.
I'm afraid I've got to leave now. 아머후레이드 아이브 갓 투 (을)리-ㅂ 나우.

작별 인사를 고해야겠어요.
I'm afraid I've got to say goodbye.
아머후레이드 아이브 갓 투 쎄이 굿바이.

가야 할 것 같아요.
I'm afraid I've got to run. 아머후레이드 아이브 갓 투 (우)런.

어디 가봐야 돼요.
I'm afraid I've got to go somewhere.
아머후레이드 아이브 갓 투 고우 썸웨어ㄹ.

STEP 2 Actual Practice

A Peter! **I'm afraid I've got to** go now.
파-러러! 아머후레이드 아이브 갓 투 고우 나우.

B Okay. Nice talking to you. 오우케이. 나이ㅆ 터-킹 투 유우.

A   피터! 이제 가 봐야겠어요.
B   알았어요. 얘기 잘 나눴어요.

SIMILAR EXPRESSIONS

EXPRESSION 25

Nice to meet you.

나이ㅆ 투 미-츄우. 만나서 반가워요.

해외에서 쇼핑하거나 관광하는 것은 우리에게 많은 즐거움을 주죠. 때로는 우연히 길에서 만난 사람들과 얘기를 나눌 수도 있어요. 인사치례로 Nice to meet you.라고 말하죠. 의미는 '만나서 반가워요.'예요. 누군가를 처음 만날 경우에 사용해요. 동사 meet를 사용한다는 점을 기억해 두어야 합니다.

I'm glad to meet you. 만나서 반가워요.
암 글래ㄷ 투 미-츄우.

I'm honored to meet you. 만나 뵙게 되어 영광입니다.
암 아너ㄹ드 투 미-츄우.

Pleased to meet you. 만나서 반가워요.
플리-ㅈ 투 미-츄우.

It's a pleasure to meet you. 만나서 반갑습니다.
잇써 플레줘ㄹ 투 미-츄우.

It's really nice to meet you. 만나서 정말 반가워요.
잇ㅆ (우)리-얼리 나이ㅆ 투 미-츄우.

EXPRESSION 26

That's good to know. 댓ㅆ 굿 투 노우.

듣던 중 반가운 소식이네요., 알아 두면 좋겠군요., 그렇다면 다행이네요.

상대방으로부터 몰랐던 사실이나 얘기를 듣게 되면 '듣던 중 반가운 소식이네요.'라고 말하면서 맞장구를 치게 되잖아요. 네이티브들은 That's good to know.라고 표현해요.

That's good to hear. 그거 좋은 소식이네요., 그거 반가운 소리네요.
댓ㅆ 굿 투 히어ㄹ.

That's good. 그거 좋지.
댓ㅆ 굿.

EXPRESSION 27
Have a good one.

해버 굿 원.　　　　　　　　　　　　　　　　　좋은 하루 되세요.

대화를 나누던 중 작별 인사로 Have a good one.이라고 하면 '좋은 하루 되세요.'라는 뜻이에요. 여기서 one은 상황에 따라서 day도 되고 weekend도 되죠. 꼭 주의할 점은 have처럼 동사로 말하게 되면 일종의 명령문이기 때문에 사람에 따라서는 '나에게 이래라저래라 식으로 말하지 말라'처럼 부정적인 의미로 받아들일 수도 있어요. 보통 작별 인사로만 사용한다는 점을 기억해야 합니다.

Have a good day.
해버 굿 데이.　　　　　　　　　　　　　　　　　좋은 하루 되세요.

Have a good weekend.
해버 굿 위-익켄드.　　　　　　　　　　　　　　좋은 주말 보내세요.

Have a nice weekend.
해버 나이ㅆ 위-익켄드.　　　　　　　　　　　　좋은 주말 되세요.

ADDITIONAL EXPRESSIONS

This is so awesome.
디씨즈 쏘우 어-썸. 여기 정말 멋있어요.

Nice meeting you.
나이ㅅ 미-링 유우. 만나서 반가웠어요.

What is your first impression about San Francisco?
워리즈 유어ㄹ 훠-ㄹ쓰ㅌ 임프레쎤 어바웃 샌 흐랜씨쓰코우? 샌프란시스코에 대한 첫인상은 어때요?

The weather is really nice.
더 웨-더ㄹ 이ㅈ (우)리-얼리 나이ㅅ. 날씨가 정말 좋아요.

Are there any tourist attractions around here?
아-ㄹ 데어ㄹ 애니 투어리쓰ㅌ 어츄랙션ㅆ 어라운디어ㄹ? 이 근처에 관광지가 있어요?

Can you take a picture for me?
캔뉴우 테이커 픽춰ㄹ 훠ㄹ 미? 사진 좀 찍어 줄래요?

How much is the admission fee?
아우 머춰ㅈ 디 앳미션 휘-? 입장료가 얼마예요?

Where is the best place to look around here?
웨어리ㅈ 더 베쓰ㅌ 플레이ㅅ 투 (을)룩커라운디어ㄹ? 이곳에서 둘러보기에 가장 좋은 장소가 어디죠?

Could you show me the way to this place?
쿠쥬우 쇼우 미 더 웨이 투 디ㅅ 플레이ㅆ? 이 장소 가는 길 좀 가르쳐 주시겠어요?

I'm looking for a tourist information desk.
암 (을)룩킹 훠러 투어리쓰ㅌ 인훠ㄹ메이션 데쓰ㅋ. 여행 안내소를 찾고 있는 중이에요.

Do you know the opening hours of this museum?
두 유우 노우 디 오우쁘닝 아우어ㄹ저ㅂ 디ㅅ 뮤-자-엄? 이 박물관 개관 시간을 알아요?

ADDITIONAL EXPRESSIONS

It took my breath away.
잇 툭 마이 브레쓰웨이.   환상적이었어요.

How many times have you been here before?
하우 매니 타임ㅈ 해뷰우 빈 히어ㄹ 비호-ㄹ?   전에 이곳에 얼마나 오셨나요?

I'm a tourist from Korea.
아머 투어리쓰ㅌ 흐럼 코류-아.   한국에서 온 관광객이에요.

I'm a little excited now.
아머 (을)리를 익싸이릿 나우.   지금 좀 흥분돼요.

I really want to visit here again.
아이 (우리-얼리 원 투 비짓 히어러겐.   정말 다시 이곳에 방문하고 싶어요.

I came here with my whole family the other day.
아이 케임 히어ㄹ 위ㄷ 마이 훼멀리 디 아더ㄹ 데이.   전날 가족과 함께 이곳에 왔어요.

REVIEW 다음 괄호 안의 단어들을 올바른 순서대로 배열해 보세요.

1 (mind, you, would, asked, I, name, your, if, you, for)
   Would you mind if I asked you for your name?

2 (leave, now, afraid, am, I, got, have, I, to)
   I am afraid I have got to leave now.

3 (your, I, shoes, like)
   I like your shoes.

4 (I, a, feel, little, tired)
   I feel a little tired.

5 (worried, and, I, little, a, feel, nervous)
   I feel a little nervous and worried.

6 (Sam, please, me, call)
   Please call me Sam.

7 (tie, I, your, like)
   I like your tie.

8 (go, now, afraid, am, I, got, have, I, to)
   I am afraid I have got to go now.

9 (asked, would, you, something, if, mind, I, you)
   Would you mind if I asked you something?

나의 황당한 경험

성명 오은애(여) 40대

스페인 여자 2명이 새 똥을 닦아 준다며 라잉 친절로 다가온 적이 있었습니다. 사실 새 똥은 그들이 뿌린 머스터드 소스였습니다. 나중에 현찰과 카드 한 장이 도난당한 것을 알게 되었습니다.

성명 박신규(저자)

길에서 우연히 만난 소녀들이 다가와 지금 기부금을 모금하고 있으니 도와 달라고 하더군요. 너무 집요하게 따라붙어 거절하려고 했지만 알았다고 말하면서 돈을 주었던 적이 있었습니다. 외국 관광객만 상대하더군요. 기분이 별로 안 좋았습니다.

UNIT 10
호텔바에서

●●● 여행의 피곤함을 간단하게 술 한잔하면서 풀기 위해 호텔에 있는 바를 잠시 들러 봅니다.

전망 좋은 창가 쪽 좌석에 앉아 직원에게 와인 한 잔을 부탁해 보는 것도 좋아요.

A glass of wine, please. 어 글래쓰브 와인 플리-즈.
(와인 한 잔 부탁해요.)

술 한잔하면서 평소에 못다 한 얘기들을 친구나 가족과 함께 즐겁게 나눠 봅니다.

학습할 패턴들을 미리 체크해 봅니다!

● 지금 주문할 준비 됐나요, 손님?

_____ order now, sir?

● 뭐 좀 여쭤 볼게요.

_____ ask you something.

● 알고 싶은 게 뭔데요?

_____ know?

● 매일 얼마나 늦게까지 여나요?

_____ are you open every day?

정답 Are you ready to / Let me / What is it you'd like to / How late

MINI QUIZ

STEP 1 단어의 뜻을 알맞게 짝지어 보세요.

happy hour 해삐 아우어ㄹ ( )	A 와인 한 잔
bottled beer 바를ㄷ 비어ㄹ ( )	B 계산서
house wine 하우ㅆ 와인 ( )	C 와인바
bill 빌 ( )	D 작은 선술집, 작은 바
waiter 웨이러ㄹ ( )	E 창가 쪽 좌석
wine bar 와인 바-ㄹ ( )	F 분위기
atmosphere 앳머쓰휘어ㄹ ( )	G 하우스 와인
window seat 윈도우 씨-잇 ( )	H 병맥주
bistro 비쓰츄로우 ( )	I 서비스 타임
a glass of wine 어 글래써ㅂ 와인 ( )	J 남자 종업원

> 정답 I / H / G / B / J / C / F / E / D / A

STEP 2 단어의 뜻을 정확하게 적어 보세요.

reserve a table (우)리저-ㄹ버 테이블

draft beer 쥬래ㅎ트 비어ㄹ

Here's to us! 히어ㄹ쓰 투 어씨!

on the rocks 언 더 (우)락ㅆ

waitress 웨이츄리ㅆ

free of charge 흐리- 어ㅂ 촤-ㄹ쥐

> 정답 테이블을 예약하다 / 생맥주 / 위하여! / 얼음을 넣은 / 여종업원 / 무료로

ACTUAL DIALOGUE

여행지에서 마지막 밤을 맞이한 신규는 호텔에 들어가 잠을 청하기 전에 와인바에 들러 평소에 좋아하던 와인 한 잔을 주문해 마시려고 합니다. 호텔바에서 근무하고 있는 직원과 대화를 나누는 상황이에요.

Part A

A Good evening. May I help you, sir?
안녕하세요. 도와 드릴까요, 손님?

B Yes, please. I'm here to have a drink. Do you have any seats available?
네. 술 한잔하러 왔는데요. 빈자리 있나요?

A Yes, we do. Come this way, please.
네, 있어요. 이쪽으로 오세요.

B Thank you. 고마워요.

A Would you like to sit by the window?
창가 옆에 앉으시겠어요?

B Of course, I'd love to. 물론이죠, 좋아요.

Pattern 67

A **Are you ready to** order now, sir?
지금 주문할 준비 됐나요, 손님?
Similar Expressions ▶ Are you ready for...? / Are you prepared to...?

B Sure. I would like a glass of red wine, please.
물론이죠. 레드 와인 한 잔 부탁해요.

A A glass of red wine? Okay. I'll be back with one soon. Anything else?
레드 와인 한 잔이요? 알겠습니다. 곧 갖다 드리죠. 그 밖에 필요한 것 없으세요?

B No, that's all. 아니요. 그게 전부예요.

A Just a moment, please. 잠깐만 기다려 주세요.

B Okay. 알았어요.

Part B

A Here you go, sir. 여기 있습니다. 손님.

Pattern 68

B Thanks. Excuse me, **let me** ask you something.
고마워요. 잠깐만요, 뭐 좀 여쭤 볼게요.
Similar Expressions ▶ Please allow me to...

Pattern 69

A **What is it you'd like to** know? 알고 싶은 게 뭔데요?
Similar Expressions ▶ What is it you want to...? / Please tell me what you'd like to...

Pattern 70

B **How late** are you open every day?
매일 얼마나 늦게까지 여나요?
Similar Expressions ▶ Until what time...? / How long...?

A We're open until 11:30 p.m. except for Sundays.
일요일은 제외하고 저녁 11시 30분까지 열어요.

B I see. Thank you. 그래요. 고마워요.

A Not at all. 천만에요.

Pattern 67

아―ㄹ 유우 (우)레디 투...?
Are you ready to...?   ~할 준비 되었나요?

호텔 내에 있는 바를 이용해서 여행을 통해 그동안 쌓인 피로를 풀 수 있어요. 와인 한 잔도 좋고 맥주 한 잔도 좋죠. 직원이 손님에게 다가가 술을 주문할 준비가 되었는지 여부를 알고자 할 때 사용해요.

STEP 1 Pattern Practice

지금 주문할 준비 됐나요, 손님?
Are you ready to order now, sir?
아―ㄹ 유우 (우)레디 투 오-ㄹ더ㄹ 나우, 써―ㄹ?

주문하시겠어요?
Are you ready to order? 아―ㄹ 유우 (우)레디 투 오-ㄹ더ㄹ?

계산하시겠어요?
Are you ready to pay? 아―ㄹ 유우 (우)레디 투 페이?

주문 받을 준비 됐어요?
Are you ready to take my order?
아―ㄹ 유우 (우)레디 투 테잇 마이 오-ㄹ더ㄹ?

바에 갈 준비 됐어요?
Are you ready to go to a bar? 아―ㄹ 유우 (우)레디 투 고우 투 어 바―ㄹ?

STEP 2 Actual Practice

A Are you ready to order now, sir?
아―ㄹ 유우 (우)레디 투 오-ㄹ더ㄹ 나우, 써―ㄹ?

B No, not yet. I need a little more time.
노우, 낫 옛. 아이 니-더 (을)리를 모-어ㄹ 타임.

A 지금 주문할 준비 됐나요, 손님?
B 아직 안 됐어요. 시간이 좀 더 필요해요.

Pattern 68

> (을)렛 미...
> # Let me...
> 제가 ~할게요

상대방의 도움보다는 본인 스스로 뭔가를 하고 싶을 때가 있어요. 때로는 그렇게 하는 게 더 편할 수 있거든요. 이 패턴으로 자신의 생각을 전하면 되죠.

STEP 1 Pattern Practice

뭐 좀 여쭤 볼게요.
Let me ask you something. (을렛 미 애쓰큐우 썸띵.)

제가 도와 드리죠.
Let me help you. (을렛 미 헬퓨우.)

주문 받을게요.
Let me take your order. (을렛 미 테이큐어ㄹ 오-ㄹ더ㄹ.)

계산서 가져다 드릴게요.
Let me get your bill. (을렛 미 겟츄어ㄹ 빌.)

물 좀 갖다 드릴게요.
Let me get you some water. (을렛 미 겟츄 썸 워-러ㄹ.)

STEP 2 Actual Practice

A **Let me** get you some water. (을렛 미 겟츄우 썸 워-러ㄹ.)

B Thank you. (땡큐우.)

A 물 좀 갖다 드릴게요.
B 고마워요.

Pattern 69

워리짓 윳 (을)라잌 투...?
What is it you'd like to...?

~하고 싶은 게 뭐예요?, 어떤 내용을 ~하고 싶은 거예요?

어떤 동사가 나오느냐에 따라 답변이 달라지는데요. 상대방에게 주문하고 싶은 게 뭔지, 알고 싶은 게 뭔지를 묻고 싶다면 이 패턴이 적절해요.

STEP 1 Pattern Practice

알고 싶은 게 뭔데요?
What is it you'd like to know? 워리짓 윳 (을)라잌 투 노우?

어떤 내용을 묻고 싶은 거죠?
What is it you'd like to ask me? 워리짓 윳 (을)라잌 투 애쓰ㅋ 미?

하고 싶은 게 뭐예요?
What is it you'd like to do? 워리짓 윳 (을)라잌 투 두?

얘기하고 싶은 게 뭡니까?
What is it you'd like to talk about? 워리짓 윳 (을)라잌 투 타-커바웃?

어떤 걸 주문하시겠어요?
What is it you'd like to order? 워리짓 윳 (을)라잌 투 오-ㄹ더르?

STEP 2 Actual Practice

A **What is it you'd like to** ask me? 워리짓 윳 (을)라잌 투 애쓰ㅋ 미?

B I'd like to ask you something about this bar.
아이드 (을)라잌 투 애쓰큐우 썸띵 어바웃 디ㅆ 바-ㄹ.

A 어떤 내용을 묻고 싶은 거죠?
B 이 바에 대해 뭔가 물어보고 싶어요.

Pattern 70

하울레잇...?
How late...?   얼마나 늦게까지 ~?, 언제까지 ~?

호텔 내에 있는 와인바를 이용할 경우 언제까지 영업을 하는지 궁금할 때가 생겨요. 너무 늦게 찾게 되면 시간에 쫓기게 되어 술 한 잔 제대로 하면서 여정의 피로를 풀 수가 없게 되거든요.

STEP 1 Pattern Practice

매일 얼마나 늦게까지 여나요?
How late are you open every day?
하울레잇 아-ㄹ 유우 오우쁜 에브리 데이?

오늘 언제까지 열어요?
How late are you open today? 하울레잇 아-ㄹ 유우 오우쁜 투데이?

얼마나 늦게요?
How late is it? 하울레잇 이짓?

얼마나 늦게까지 열죠?
How late is it open? 하울레잇 이짓 오우쁜?

오늘 바는 언제까지 여나요?
How late is the bar open today? 하울레잇 이ㅈ 더 바-ㄹ 오우쁜 투데이?

STEP 2 Actual Practice

A **How late** is the bar open today?
하울레잇 이ㅈ 더 바-ㄹ 오우쁜 투데이?

B It's open until 11 p.m. 잇ㅆ 오우쁜 언틸 일레븐피-엠.

A 오늘 바는 언제까지 여나요?
B 저녁 11시까지 열어요.

SIMILAR EXPRESSIONS

EXPRESSION 28
Do you have any seats available?
두 유우 해배니 씨-잇쎄일러블?   빈자리 있나요?

Are there any seats available?   자리 남은 거 있어요?
아ㅡㄹ 데어ㄹ 애니 씨-잇쎄베일러블?

Are there any seats left?   남은 자리 있어요?
아ㅡㄹ 데어ㄹ 애니 씨-잇ㅆ (을)레ㅎ트?

EXPRESSION 29
I'd love to.

아읻 (올)러ㅂ 투.   좋아요., 정말 그렇게 하고 싶어요.

상대방으로부터 괜찮은 제안을 받게 되면 '좋아요.', '그거 좋죠.', '정말 그렇게 하고 싶어요.'처럼 맞장구를 치게 되죠. 간단하게 I'd love to.처럼 말해요. 동사 love 대신에 like를 사용하기도 하죠.

I'd like to.   좋아요.
아읻 (올)라익 투.

Sounds good.   그거 좋죠.
싸운즈 굿.

That sounds great.   멋진 생각이에요., 멋지게 들리네요.
댓 싸운즈 굿.

That's a good idea.   괜찮은 생각이에요.
댓써 굿 아이디-어.

That sounds good to me.   난 좋아요.
댓 싸운즈 굿 투 미.

That's great.   아주 좋아요.
댓ㅆ 그레잇.

EXPRESSION 30

That's all.

댓쎄-얼. 그게 전부예요.

자신이 원하는 게 더 이상 없다면 That's all.이라고 말하죠. '그게 전부예요.'라는 뜻이에요. 호텔 내에 있는 와인바를 이용해서 술 한잔하려고 할 때 종업원의 도움을 받게 되잖아요. 주문하고 난 뒤 더 필요한 게 없는지 질문 받게 되면 That's all.처럼 자신의 의사를 확실하게 표현하면 됩니다.

That's everything. 그게 전부예요.
댓ㅆ 에브리띵.

That's all I need. 그게 제가 필요한 전부예요.
댓쎄-얼 아이 니-ㄷ.

ADDITIONAL EXPRESSIONS

I made a reservation under the name of Sam.
아이 메이더 (우)레저ㄹ베이션 언더ㄹ 더 네이머ㅂ 쌤. 샘으로 예약했습니다.

What would you like to order, sir?
웟 우쥬우 (을)라이ㅋ 투 오-더ㄹ, 써-ㄹ? 뭘 주문하시겠어요, 손님?

Could you get me some water, please?
쿠쥬우 겟 미 썸 워-러ㄹ, 플리-ㅈ? 물 좀 갖다 주시겠어요?

I'm not ready to order yet.
암 낫 (우)레디 투 오-더ㄹ 옛ㅌ. 아직 주문할 준비가 안 됐어요.

Can I have a glass of beer, please?
캐나이 해버 글래써ㅂ 비어ㄹ, 플리-ㅈ? 맥주 한 잔 가져다줄래요?

Here is your bill.
히어리ㅈ 유어ㄹ 빌. 계산서 여기요.

Do you have any recommendations for red wine?
두 유우 해배니 (우)레커먼데이션ㅆ 훠ㄹ (우)레ㄷ 와인? 추천해 줄 만한 레드 와인이 있어요?

Thank you for the tip.
땡큐우 훠ㄹ 더 팁. 당신 조언에 감사드립니다.

Anything else?
애니띵 엘ㅆ? 그 밖에 필요한 거 없으세요?

I like the atmosphere of this bar.
아일라이ㅋ 디 앳머ㅆ휘어ㄹ 어ㅂ 디ㅆ 바-ㄹ. 이 바의 분위기가 마음에 들어요.

Can I get another drink, please?
캐나이 게러나더ㄹ 쥬링ㅋ, 플리-ㅈ? 한 잔 더 주시겠어요?

Could you bring me the bill, please?
쿠쥬우 브링 미 더 빌, 플리-ㅈ? 계산서 좀 가져다주시겠습니까?

What kind of wine do you have?
왓 카인더ㅂ 와인 두 유우 해ㅂ?

어떤 종류의 와인이 있어요?

Please show me the wine list.
플리-ㅈ 쇼우 미 더 와인 (을)리쓰ㅌ.

와인 리스트 좀 보여 주세요.

How much is a glass?
하우 머춰저 글래ㅆ?

한 잔 가격이 얼마죠?

I would like to pay now, please.
아이 우들라잌 투 페이 나우, 플리-ㅈ.

지금 계산하고 싶습니다.

I'd like a bottle of red wine, please.
아읻 (을)라이커 바를 어ㅂ (우)레ㄷ 와인, 플리-ㅈ.

레드 와인 한 병 부탁합니다.

I'll have the same thing.
아일 해ㅂ 더 쎄임 띵.

같은 걸로 할게요.

This wine is on me.
디ㅆ 와인 이전 미.

이 와인은 제가 계산할게요.

REVIEW 다음 괄호 안의 단어들을 올바른 순서대로 배열해 보세요.

1 (order, are, now, ready, sir, to, you)

_____?

2 (are, order, you, to, ready)

_____?

3 (you, what, would, is, it, like, know, to)

_____?

4 (get, me, your, let, bill)

_____.

5 (you, how, are, open, late, today)

_____?

6 (ask, me, what, you, it, is, like, to, would)

_____?

7 (take, me, your, let, order)

_____.

8 (you, let, some, get, me, water)

_____.

9 (open, how, it, is, late)

_____?

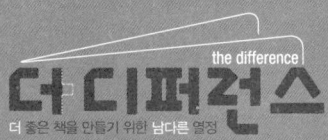